CATALOGUE

DE LA

COLLECTION TIMBAL

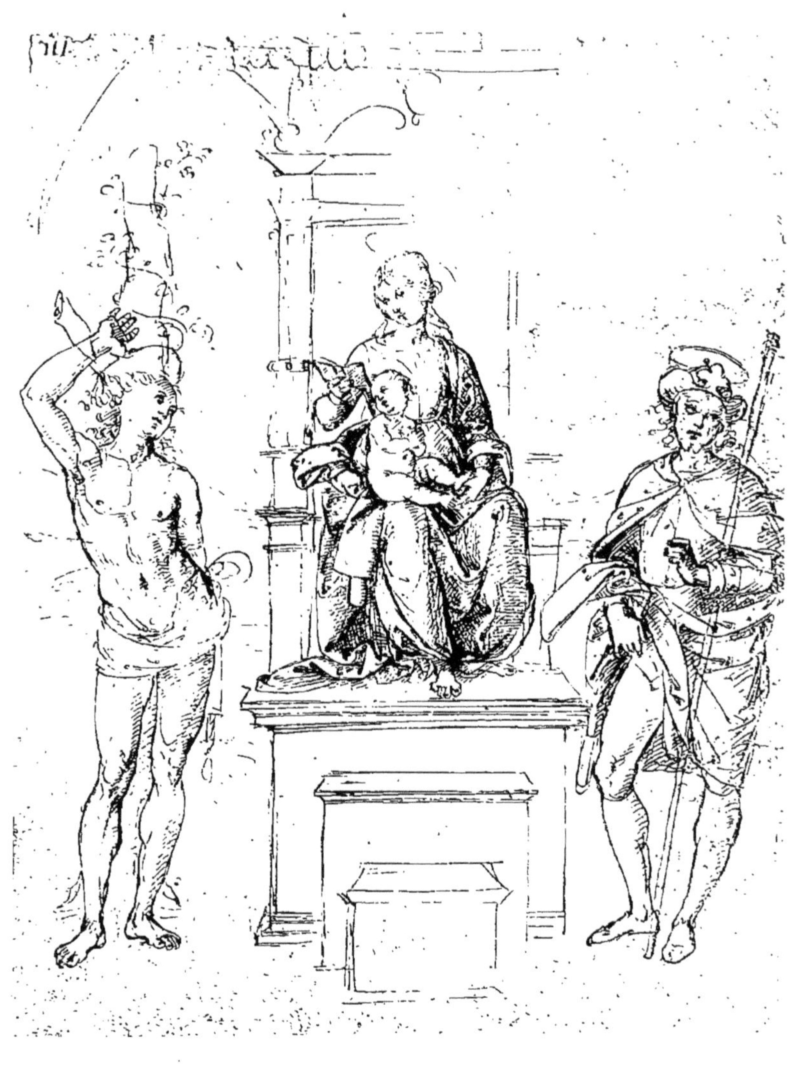

MUSÉES NATIONAUX

CATALOGUE

DE LA

COLLECTION TIMBAL

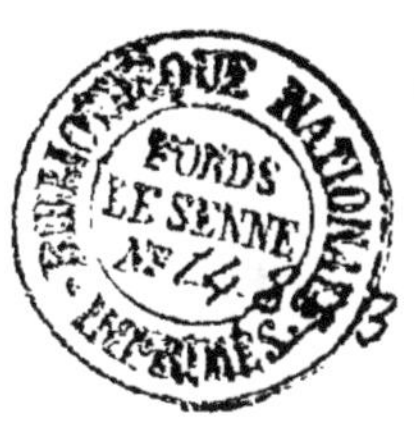

PARIS
SOCIÉTÉ ANONYME DES IMPRIMERIES RÉUNIES
(ÉTABLISSEMENT C)
ÉDITEUR DES MUSÉES NATIONAUX
2, Rue Mignon, 2

1882

La collection, qui est en ce moment exposée dans une des salles du Musée du Louvre, a été acquise à l'aide d'un crédit spécial voté par les Chambres en 1882. *Elle avait été formée avec un goût rare et un discernement parfait par M. Charles Timbal, qui était à la fois un artiste de valeur et un des amateurs les plus fins et les plus éclairés de ce temps.*

On pourra s'étonner, en examinant les objets qu'elle renferme, qu'un pareil choix de morceaux rares, parmi lesquels on peut signaler plusieurs chefs-d'œuvre, ait été rassemblé en si peu d'années. En effet, M. Timbal, qui s'était défait en 1871 *d'une première collection, avait réuni celle-ci dans les dix années qui suivirent. Les collectionneurs et les hommes qui s'occupent de l'étude des arts, à l'étranger aussi bien qu'en France, en connaissaient toute l'importance. Aussi, quand ils apprirent la fin prématurée de M. Timbal et la vente prochaine de sa collection, celle-ci devint-elle aussitôt l'objet de toutes les convoitises.*

C'est à ce moment que l'Administration des Musées intervint en s'adressant à M. le Ministre de l'Instruction publique et des Beaux-Arts, afin qu'il prévînt, s'il était possible, la dispersion de ces richesses et qu'il en obtînt la cession à l'État par une entente avec Mme Timbal. Autorisée par M. le Ministre, l'Administration des Musées arriva sans peine à cet accord. Mme Timbal accueillit avec empressement des ouvertures qu'elle savait répondre aux véritables sentiments de son mari. Il faut la remercier la première. C'est grâce à elle que le Musée a pu faire, à un prix relativement modeste, cette précieuse acquisition. Sur la proposition du Ministre de l'Instruction publique et des Beaux-Arts, la Commission du Budget a obtenu ensuite de la libéralité des deux Chambres les fonds nécessaires à la conclusion de cette affaire.

On a pensé que la collection devait être pla-

cée d'abord dans son ensemble sous les yeux du public, et que, pour le mieux mettre à même d'en apprécier la valeur, il convenait, sans se donner le temps de plus longues recherches, de lui en présenter la notice succincte. Les conservateurs des départements où les objets devaient entrer se sont partagé le soin de rédiger le catalogue. M. de Tauzia, conservateur des dessins, a donné la notice du dessin de Raphaël. M. Gruyer, conservateur des peintures, a fourni la notice des trois tableaux qui font partie de la collection. Le reste entrait tout entier dans le département du moyen âge et de la renaissance : M. Saglio, conservateur de ce département, s'est réservé la notice des ivoires; M. Louis Courajod, conservateur-adjoint, s'est chargé de celle des sculptures en marbre, en pierre et en bois; M. Émile Molinier, attaché, de celle des bronzes et autres objets de métal.

5 septembre 1882.

DESSIN

DESCRIPTION DES OBJETS D'ART

COMPOSANT LA

COLLECTION TIMBAL

DESSIN

SANTI (RAFFAELLO).

1. — La sainte Vierge, l'enfant Jésus, saint Sébastien et saint Roch.

A la plume.

H. 0^{m},290. — L. 0^{m},225.

La Vierge lisant, assise sur un trône élevé, tient l'enfant Jésus qui se retourne vers la gauche et regarde saint Sébastien debout près du trône ; à droite, saint Roch, également debout, montrant sa plaie.

(Provient de la collection Vallardi, de Milan.)

Un dessin également à la plume, à l'Institut Stædel de Francfort, offre une analogie frappante avec celui qui a été décrit ci-dessus. Sans modifier sa composition, le maître a substitué saint Nicolas de Tolentino à saint Sébastien; quant au second assistant, il ne l'a pas indiqué dans le dessin de Francfort. Les deux projets semblent avoir été conçus presque simultanément par Raphaël, encore très jeune; néanmoins l'influence du Pérugin est plus sensible dans le dessin de la collection Timbal que dans celui de Francfort.

La madone de la maison Ansidei, peinte par Raphaël en 1505, aujourd'hui dans la galerie du duc de Malborough, au château de Blenheim, se rapproche mieux que toute autre par la disposition de la scène, le nombre et l'attitude des personnages, des deux admirables études des collections Timbal et Stædel.

PEINTURES

PEINTURES

JEAN DE FIESOLE (Beato Angelico)
1387-1455

2. — Martyre de saint Côme et de saint Damien et de leurs trois frères.

Bois.

H. 0^m,38. — L. 0^m,47.

Les corps, décapités déjà, de saint Côme et de saint Damien, gisent à terre sur le premier plan. A droite, un autre saint, qui vient d'être à l'instant décollé, se tient encore à genoux, tandis que les deux derniers martyrs, également agenouillés, attendent le coup de la mort. Le bourreau, placé à droite, tourne le dos au spectateur, de manière à lui dérober ses traits. A gauche, le proconsul, qui préside au supplice, est assisté d'une sorte de cour composée de sept personnages, portant tous une empreinte quasi-religieuse. Ces figures devraient être marquées d'une certaine férocité ; mais Beato

Angelico, en leur communiquant quelque chose de son âme, les a transfigurées à ce point qu'on est presque tenté de reconnaître, en elles aussi, des saints. Ce mystère religieux, empreint d'une grâce pénétrante et d'une naïveté mystique, se passe aux portes d'une ville toscane du xve siècle. Quoique la scène remonte à Néron, selon les uns, à Domitien, selon les autres, tous les acteurs portent les costumes des contemporains du peintre.

On lit, sur deux étiquettes collées derrière le panneau, les deux notes suivantes :

« *N° 511. — Estratti del convento di S. Marco di Firenze.* »

« *Firenze, a di 10 ottobre 1817. Attestasi da me sottoscritto, Direttore dell' Accademia delle belle arti, che il quadretto del martirio di S. Cosimo e Damiano e altri santi è di Fra Giovanni da Fiesole, detto il Beato Angelico; e che formava parte della predella di detto quadro che nella soppressione dei conventi passo dal monastero di S. Marco all' Accademia unitamente a tutti li oggetti d'arte; che in seguito fu cambiato dalla predetta Accademia in un disegno, e adesso acquistato dal possesore sig. Niccola Fachinardi. E in fide. Pietro Benvenuti.* »

Il résulte de ces documents : 1° que, lors de la suppression des couvents, un tableau d'autel, peint par Jean de Fiesole, fut, ainsi que sa prédelle exécutée par le même peintre, transporté du couvent de Saint-Marc dans la galerie de l'Académie des Beaux-Arts, à Florence ; 2° qu'en 1817 ladite prédelle fut démembrée, et que plusieurs des tableaux qui la composaient sortirent de la galerie de l'Académie par voie d'échange; 3° que le tableau représentant le martyre des SS. Come et Damien et de leurs trois frères faisait partie de cette prédelle, et qu'il passa alors entre les mains de M. Nicolas Fachinardi.

Vasari nous apprend que l'ensemble de ce monument fut peint par Jean de Fiesole, en 1438, pour le maître-autel du couvent de Saint-Marc. Après avoir loué comme il convient le tableau principal (1), l'auteur de la vie des peintres insiste tout particulièrement sur le mérite des petits tableaux qui formaient la prédelle : « *la predella, nella quale sono storie del martirio di San Cosimo e Damiano e degli altri, è tanto ben fatta, che non è possibile imaginarsi di poter veder mai cosa fatta con piu diligenza, nè le più delicate o meglio intese figurine di quelle.* » Parmi ces petits tableaux, celui de la collection Timbal mérite d'être cité en première ligne. On y retrouve, en effet, les qualités exquises du maître : une profondeur de sentiment religieux qu'on a rarement dépassée, et, sous une adorable naïveté d'expression, une recherche du dessin et une étude de la nature sur lesquelles on ne saurait trop insister.

(1) « *Particolarmente è bella a maraviglia la tavola dell' altar maggiore di quella chiesa (di convento di san Marco) : perchè, oltrè che la Madonna muove a divozione chi la guarda per la simplicitá sua, e che i Santi che le sono intorno, sono simili a lei;...* » (Vasari Ed. de M. Gaetano Milanesi, 1878, tome II, p. 508). Ce tableau, qui représente la Vierge entourée des saints martyrs, figure, sous le n° 15 du catalogue de 1846, dans la galerie de l'Académie des Beaux-Arts de Florence. Il est malheureusement compromis par de maladroites restaurations.

De la collection de M. Fachinardi, le tableau des cinq martyrs passa à Rome, où M. Rio le vit dans le palais Imperiali (1), et c'est à Rome même que M. Charles Timbal en fit l'acquisition en 1868 (2).

ÉCOLE DE RAPHAEL

3. — La Vierge à l'Œillet.

Bois.

H. 0^{m},29. — L. 0^{m},23

La Vierge, assise dans la chambre d'un palais florentin, porte sur ses genoux l'enfant Jésus, qui lui présente deux œillets détachés d'un bouquet dont elle tient encore les restes. Elle est vue jusqu'à mi-jambes, de trois quarts et tournée à droite vers une baie cintrée, par laquelle on aperçoit une colline surmontée d'un château démantelé. Les bandeaux de cheveux blonds dégagent le front et découvrent l'oreille, dont le dessin manque de distinction. Le voile de gaze, jeté sans apprêt sur la tête, descend de chaque côté le long du cou. Les

(1) Rio, l'*Art chrétien*, tome II, p. 354, note 1.

(2) Quant aux autres petits tableaux de cette prédelle, deux d'entre eux sont encore dans la galerie de l'Académie des Beaux-Arts, à Florence; un autre se trouve, également à Florence, dans la galerie de MM. Lombardi et Baldi; quatre autres, enfin, sur l'authenticité desquels on n'est pas d'accord, sont à la pinacothèque de Munich. (Vasari, Ed. de M. G. Milanesi, 1878, tome II, page 509, note 1.)

yeux sont abaissés vers l'enfant, et la bouche entr'ouverte sourit avec bonheur à la naïve offrande du fils de Dieu. L'enfant Jésus, de son côté, assis sur un coussin posé sur les genoux de la Vierge, lève vers elle et la tête et les yeux. C'est la main droite du *Bambino* qui tient les œillets; la main gauche en effleure seulement les tiges. Les jambes écartées l'une de l'autre, la droite portée en avant et la gauche ramenée en arrière, ajoutent à l'équilibre de cette charmante petite figure.

Dans l'œuvre de Raphaël, cette Vierge peut se placer vers l'année 1507. Elle dut avoir une grande vogue, car il en fut fait dans l'école de nombreuses répétitions, à quelques-unes desquelles peut-être Raphaël lui-même ne resta pas tout à fait étranger. D'après M. Passavant, le tableau original serait, à Lucques, chez le comte Francesco Spada, et on lirait derrière le panneau l'inscription suivante : *Per la N. Donna SS. ricevuto 80 scudi*. Nous avons fait, à Lucques même, d'inutiles recherches pour retrouver ce trésor. La même composition, malheureusement fort retouchée, était à Rome dans la collection Camuccini. (C'est ce tableau qui fut gravé en 1829 par Gio. Farrugia Maltee.) M. Passavant signale encore d'autres reproductions de ce tableau : dans la galerie du baron Speck-Sternburg, à Lützshena, près Leipsig; à Rome, au palais Albani et au palais Torlonia; à Pérouse, dans la maison Bourbon Sorbello; à Lorette, dans le trésor de la *Santa Casa;* à Urbin, dans la maison Giovannini; à Brescia, dans la galerie Tosi; à Wurzbourg, chez le professeur Frœhlich, etc... Au milieu de cette indétermination, l'exemplaire qui vient de passer de la collection Timbal au musée du Louvre présente un sérieux intérêt.

ÉCOLE DES CLOUET (?)

4. — Portrait de Monsieur de Saint-André.

Bois.

H. 0^m,14. — L. 0^m,15.

Le personnage, qui porte le collier de l'ordre de Saint-Michel et qui paraît avoir environ cinquante ans, est vu presque de face, légèrement de trois quarts à droite, et en buste seulement. La tête est coiffée d'une toque presque noire, ornée d'une *enseigne* et posée de côté sur l'oreille droite. Les cheveux grisonnants descendent jusque sur les oreilles. Le front est large et sillonné de quelques rides. Les yeux, grands ouverts, regardent le spectateur. Le nez et la bouche sont d'un dessin très ferme. Les joues, complètement rasées, sont pleines, sans être lourdes; et le menton, pourvu d'un double menton, est marqué en son milieu d'une légère fossette. Le vêtement consiste en une tunique noire, sur laquelle est passé un manteau dont le collet est d'hermine, et dont les larges manches à crevés sont garnies d'hermine aussi. On lit en haut du panneau : MONSIEUR. DE. SAINCT. ANDRÉ.

Ce portrait est de ceux que l'on met, un peu arbitrairement peut-être, au compte des Clouet. Comme il est d'une exceptionnelle beauté, c'est à François Clouet, le plus célèbre des Clouet, qu'on en a fait honneur. Or, cette attribution est inacceptable, car le personnage représenté n'est pas contemporain du peintre. Le costume, en effet, nous donne à peu près la date du portrait, et ce costume est encore celui d'un des contemporains de Louis XII. De plus, les hommes de cour, à partir de 1520 à 1525, portent généralement, comme le roi, toute leur barbe, et Monsieur de Saint-André est ici complètement rasé. Par conséquent cette peinture appartient vraisemblablement aux vingt-cinq ou trente premières années du XVIe siècle. Étant donné qu'elle représente Monsieur de Saint-André, ce doit être, non pas le maréchal, qui fit ses premières armes à Cerisoles en 1544 et fut tué à la bataille de Dreux en 1562 (1), mais le père du maréchal, Jean d'Albon, seigneur de Saint-André, d'Oulches et Serezat,

(1) Jacques d'Albon, marquis de Fronsac, seigneur de Saint-André, chevalier de l'ordre de Saint-Michel et de l'ordre de la Jarretière, maréchal de France, premier gentilhomme de la Chambre du Roy, conseiller de son Conseil privé, gouverneur et lieutenant-général du Lyonnais, Forez, Beaujollais, haute et basse Auvergne, Bourbonnais, etc., dit le *Maréchal de Saint-André*, l'un des plus magnifiques seigneurs de son temps, se fit remarquer à la bataille de Cérisolles en 1544, gagna les bonnes grâces de Henri II, fut nommé maréchal de France en 1547, à la place du seigneur de Diez, se signala au combat d'Authie en 1553 et à la prise de Marienbourg en 1554, au combat de Renty et à Cateau-Cambrésis en 1555, à la journée de Saint-Quentin en 1557, etc., et fut tué à la bataille de Dreux en 1562. (*Histoire généalogique et chronologique de la Maison de France*, par le P. Anselme, tome VII, p. 203).

gentilhomme de la chambre et chevalier de l'ordre du roi, qui se distingua comme homme de guerre en Italie, et reçut le collier de 1520 à 1524 (1). La date de ce portrait nous paraît donc devoir être placée vers 1525. A cette date de 1525, Jean d'Albon, né en 1475, avait, en effet, cinquante ans. Il est dès lors impossible de songer à François Clouet, qui, tout en ayant reçu de François Ier ses lettres de naturalisation (1541), était encore, en 1572, dans la force du talent et est resté par excellence le peintre de Charles IX. Si l'on voulait mettre ici le nom d'un des Clouet, il faudrait prendre Jehan Clouet, dit Jehannet, père de François; mais, dans l'œuvre fort obscure de ce peintre, nous ne connaissons pas de tableau dont la beauté soit comparable à celle du portrait de Monsieur de Saint-André.

Nous nous trouvons là en présence d'un de ces portraits qu'on attribuerait dans les Flandres à un des peintres contemporains de Memling, dont on ferait honneur à Holbein en Angleterre, et que l'on couvre uniformément chez nous du nom des Clouet. Entre le portrait de Monsieur de Saint-André et les admirables portraits groupés de chaque

(1) Jean d'Albon, seigneur de Saint-André et d'Oulches, chevalier de l'ordre de Saint-Michel, gentilhomme de la Chambre, chevalier de la reine Catherine, bailli de Macon, gouverneur du Lyonnais, Bourbonnais, haute et basse Marche et puy de Combrailles, était né en 1475. Il se fit remarquer à l'armée d'Italie. Il s'était marié, avant 1502, à Charlotte de la Roche. Il mourut, au mois d'août 1550, à l'âge de soixante-quinze ans environ. Le collier de l'Ordre se voit sur son sceau, apposé à une quittance donnée par lui, le 28 juin 1534. (P. Anselme, t. VII, p. 203).

côté des *Vierges* de Memling (voir notamment la *Vierge* donnée par M. le comte Duchatel au musée du Louvre), n'y a-t-il pas une filiation presque directe et facile à saisir ? D'un autre côté, si l'on rapproche le portrait de Monsieur de Saint-André de plusieurs des portraits conservés, sous le nom de Holbein, au château de Hampton-Court, ne trouve-t-on pas, comme exécution, nombre de points d'analogie ? N'est-il pas naturel aussi de chercher dans ce petit portrait le témoignage parlant d'un art qui, de flamand qu'il était à l'origine, s'est naturalisé français sous le nom des Clouet ?.. Devant une pareille peinture, le champ de l'hypothèse est vaste et l'affirmation téméraire.

SCULPTURES

SCULPTURES

MARBRE

5. — Empereur romain.

Médaillon rectangulaire, sculpté en bas-relief.

H. $0^{m},43$. — L. $0^{m},29$

Le personnage est représenté de profil à gauche et en buste. Le torse, découvert sur le devant de la poitrine, est revêtu d'une draperie ou d'une toge à larges plis. La tête, aux cheveux très courts, est ceinte d'une couronne de laurier attachée sur la nuque par un ruban dont les extrémités voltigent. C'est un de ces portraits imaginaires de personnages antiques, peut-être un Jules César, comme les artistes de la renaissance se sont plu souvent à en composer. Celui-ci est l'œuvre d'un maître florentin et, n'était un peu de sécheresse dans le dessin de la tête, on n'hésiterait pas à l'attribuer à Donatello. En effet, dans la sculpture du Louvre, le traitement des cheveux et de la draperie rappelle tout à fait la manière de Donatello, notamment dans le buste de Niccolo da Uzzano, aujourd'hui au Musée du Bargello de Florence. On retrouve les mêmes rubans voltigeants et le même système de relief dans le célèbre médaillon en ardoise de sainte Cécile de la collection de lord Elcho, à Londres.

Le marbre possédé par M. Timbal provenait de la collection du marquis Panciatichi, et, antérieurement, avait fait partie de la succession de la famille Valori, de Florence.

École florentine du XVe siècle.

(Inventaire des sculptures modernes du Musée du Louvre, n° 572.)

6. — La Vierge et l'enfant Jésus.

Bas-relief.

H. 0m,530. — L. 0m,410.

La Vierge assise, vue à mi-corps, la tête tournée de trois quarts à gauche, tient sur ses genoux l'enfant Jésus, nu, posé sur un coussin, et essayant de la main droite le geste de la bénédiction, tandis que de la main gauche il retient un linge roulé autour de son corps.

On remarque dans ce bas-relief une manière bien facile à reconnaître dans un grand nombre de sculptures de Mino da Fiesole. Le modelé présente la sécheresse ordinaire aux travaux du maître; les yeux de la Vierge et de l'enfant Jésus sont rendus avec cette netteté et cette dureté qui caractérisent toute une longue période du talent de Mino, et un grand nombre de marbres signés par lui. La composition est en même temps une de celles qui furent les plus familières à cet artiste, et qui se retrouvent, avec de légères variantes, dans la Madone de la galerie de l'église collégiale d'Empoli, dans une Madone du Musée du Bargello de Florence et dans la Madone donnée au Louvre par M. His de la Salle en 1862 (N° 12 *bis* de la *Description des sculptures du moyen âge, de la renaissance et des temps modernes*), aux armes de la famille Arrighi (*Bulletin de la Société des antiquaires de France*, juillet 1881, p. 223).

Œuvre de Mino da Fiesole.

(Inventaire des sculptures modernes du Musée du Louvre, n° 573.)

7. — La Vierge et l'enfant Jésus.

Bas-relief.

H. 0^{m},820. — L. 8^{m},610.

La Vierge vue à mi-corps et paraissant soutenue par des nuages, porte, couché sur ses bras, l'enfant Jésus bénissant de la main droite et appuyant la main gauche sur la boule du monde. On lit au-dessous du groupe, en belles lettres capitales du xve siècle, cette inscription gravée :

AVE MARIA G(*ratia plena.*)

On reconnaît ici les habitudes de travail de Mino da Fiesole dans le type et le costume de la Vierge, dans les plis anguleux des draperies, dans les gaufrures exécutées sur le bord des vêtements, dans les bouffettes ou rosettes caractéristiques des ceintures, enfin dans la grâce affectée de l'expression et la sécheresse du modelé. Mino a eu plusieurs manières, dont l'une est caractérisée par la sculpture cataloguée sous le numéro qui précède. La seconde Madone, que nous décrivons, appartient à une période de la vie de l'artiste où son ciseau était relativement plus souple et plus gras. C'est de cette période que datent les sculptures du tombeau du comte Ugo à la Badia de Florence, exécutées de 1471 à 1481, travaux importants dont l'attribution et l'époque sont établies par des documents (Eugène Müntz, *Les Arts à la Cour des Papes*, tome I, p. 251 à 253).

Œuvre de Mino da Fiesole.

(Inventaire des sculptures modernes du Musée du Louvre, n° 574.)

8. — Dieu le Père bénissant.

Bas-relief formant le fronton d'un tabernacle.

H. 0^{m},275. — L. 0^{m},490.

Tenant le livre de la loi de la main gauche, et bénissant de la main droite, Dieu le père est représenté à mi-corps, nimbé et vêtu d'une robe à manches, sous une arcade en forme de fronton décorée de moulures, d'acrotères et d'un pinacle.

École florentine de la seconde moitié du XVe siècle.

(Inventaire des sculptures modernes du Musée du Louvre, n° 575.)

9. — L'Annonciation.

Médaillon circulaire sculpté en bas-relief.

Diam. 0m,530

La Vierge, agenouillée, tournée vers la gauche, devant un prie-dieu, reçoit la nouvelle de l'ange Gabriel tenant à la main le lys traditionnel et accompagné de deux autres messagers célestes. Au fond, un portique, un mur et, au-dessus, le ciel chargé de quelques nuages. On lit au bas, dans un cartouche, l'inscription suivante : ANTO. DE MELIIS I(*uris*) V(*triusque*) DOCT(*or*) ABB(*as*) F(*ecit*). Le médaillon est entouré d'une couronne de laurier.

Un médaillon circulaire de marbre, plus petit de dimension, mais presque identique de composition et d'exécution, se voit à l'un des autels dans l'église de la Chartreuse de Pavie. Ce médaillon a été moulé par M. Pierrotti de Milan.

Le médaillon de marbre de la collection Timbal vient de Crémone, et, en dehors même de ses qualités esthétiques, enrichira le Musée du Louvre d'un monument fort intéressant pour l'histoire de l'art. Antonio Meli, le docteur en droit de l'inscription, n'est pas un inconnu pour les amis de la renaissance italienne du xve siècle. Il était abbé du monastère bénédictin de Saint-Laurent de Crémone, et c'est à son intelligente initiative qu'est dû le chef-d'œuvre de la vieille école de sculpture milanaise. C'est lui qui, ainsi que le constatait une signature connue de Zaïst (*Notizie istoriche de' pittori scultori ed architetti Cremonesi*, 1774, tome II, p. 32), commanda avant de mourir à Omodeo, de Pavie, la célèbre châsse de marbre des saints Mario, Marta, Audiface et Abacuc, aujourd'hui démembrée et transportée dans la cathédrale de Crémone. Ce travail, d'une finesse prodigieuse, connu actuellement de toute l'Europe depuis qu'il a été moulé par les soins de l'administration du Musée de Berlin, est certainement le dernier mot de l'art issu des ateliers de la Chartreuse de Pavie.

Si la signature de l'Omodeo, transmise par le texte de Zaïst, mais dont j'ignore la destinée, a disparu, en revanche deux cartouches qui contiennent la date du 6 octobre 1482 existent encore à Crémone, dans la cathédrale, au-dessous des ambons formés avec les fragments de la châsse primitive. Ne serait-il pas permis aussi de supposer que l'inscription conservée sur le bas-relief de la collection Timbal se réfère à l'érection du fameux monument commandé par Antonio Meli? Le style de la sculpture de M. Timbal est bien milanais; il rappelle bien la maigreur exagérée de l'école et du maître dans l'œuvre comparée. Enfin, s'il était besoin de confirmer la preuve de l'intervention de l'Omodeo dans les travaux d'art de Crémone vers 1482 — preuve dont Zaïst a constaté l'existence en réfutant les erreurs qui avaient cours de son temps, — je pourrais de mon côté établir qu'en 1484 l'Omodeo travaillait encore pour les églises de Crémone, puisque, dans l'endroit le plus obscur de la crypte de la cathédrale de cette ville, on rencontre aujourd'hui un bas-relief de marbre représentant saint Jérôme avec cette signature : ZO. ANTONIO AMADEO F(*ecit*) OPVS 1484. — Cf. L. Cavitelli, *Annales*. Crémone, 1598, f° 207, verso, avec une erreur de date : 1462 pour 1482 ; F. Arisi, *Cremona literata*. Parme, 1702, tome I, p. 294 et 295, et Lorenzo Manini, *Memorie storiche della città di Cremona*, 1820, tome II, p. 44.

Ouvrage de l'École milanaise, deuxième moitié du xve siècle ; de l'atelier de la Chartreuse de Pavie et probablement de Giovanni Antonio Omodeo.

(Inventaire des sculptures modernes du Musée du Louvre, n° 576.)

10. — La Vierge au pied de la Croix.

Fragment d'un Calvaire sculpté en ronde bosse.

H. $0^m,35$. — L. $0^m,27$.

La Vierge voilée, vêtue d'une robe et d'un ample manteau, et tournée vers la gauche, est agenouillée dans l'attitude consacrée de la *Mater dolorosa*.

Cette sculpture offre les plus grandes analogies avec les bas-reliefs de la Chartreuse de Pavie attribués aux frères Mantegazza, avec un bas-relief du South-Kensington museum représentant la Mise au Tombeau, gravé dans Perkins (*Sculpteurs italiens*, tome II, pl. LVIII), photographié par Pozzi, de Milan, et avec les *Trois Vertus théologales*, bas-relief exposé au Trocadéro en 1878.

École milanaise ; fin du xve siècle. Attribué aux Mantegazza.

(Inventaire des sculptures modernes du Musée du Louvre, n° 577.)

11. — Saint Jean l'Évangéliste au pied de la Croix.

Fragment d'un Calvaire sculpté en ronde bosse.

H. 0^m,35. — L. 0^m,19.

Le saint est agenouillé les mains jointes et dans l'attitude de la douleur; la tête, tournée à droite, est dirigée vers le Christ.

Il est difficile de distinguer dans l'école milanaise primitive, surtout dans l'atelier de la Chartreuse de Pavie, le caractère particulier et la manière de chaque sculpteur, parce que les artistes de Milan et de Pavie se ressemblent tous beaucoup par le style et par l'exécution, et qu'ils ont presque toujours travaillé de concert. Si, en l'absence de preuves documentaires, j'attribue provisoirement aux frères Mantegazza, plutôt qu'à l'Omodeo, les figures de la *Mater dolorosa* et du *Saint Jean* de la collection Timbal, c'est que je ne pense pas qu'on doive regarder nécessairement l'Omodeo, tout fidèle qu'ait été ce célèbre sculpteur aux doctrines de son école provinciale, comme le représentant le plus exagéré du style de cette école aux plis multiples, agités et cassés, à l'expression toujours violente. Les deux ambons de la cathédrale de Crémone mis à part, on ne retrouve la signature d'Omodeo sur aucune œuvre aussi accentuée que les deux marbres de la collection Timbal. On remarque, au contraire, que le caractère milanais est très adouci dans le tombeau de la fille de Colleone, à Bergame, signé : IOANNES ANTONIVS DE AMADEIS FECIT HOC OPVS et, tout aiguë qu'en soit encore la manière, dans le tombeau de Saint Lanfranc près Pavie, signé également : IOANNES ANTONIVS HOMODEVS FACIEBAT. Quant à la Vierge sculptée par Omodeo sur une des portes de l'un des cloîtres de la Chartreuse, on y reconnaîtrait à peine le style lombard si elle n'était signée en toutes lettres. Sur les Mantegazza et l'Omodeo, voir Calvi, *Notizie sulla vita e sulle opere dei principali architetti scultori et pittori che fiorirono in Milano durante il governo dei Visconti e degli Sforza*. Parte II, p. 29 à 42 et 142 à 174.

École milanaise; fin du XVe siècle. Attribué aux Mantegazza.

(Inventaire des sculptures modernes du Musée du Louvre, n° 578.)

12. — La Vierge et l'enfant Jésus.

Statuette.

H. 0^m,515.

La Vierge, debout, couronnée et la tête couverte d'un voile, porte l'enfant Jésus sur le bras gauche. La main droite, restaurée, tenait un fleuron. L'enfant Jésus a un fruit dans la main gauche, et, de la droite, saisit le voile de sa mère.

Travail français du XIVe siècle.

(Inventaire des sculptures modernes du Musée du Louvre, n° 579.)

13. — La Vierge et l'enfant Jésus.

Statuette.

H. $0^{m},390$.

La Vierge, assise, la tête entourée d'un voile, tenant un fleuron de la main droite et les pieds posés sur une sirène, est couronnée par l'enfant Jésus placé debout sur son genou gauche. Un des bras de la sirène, les mains et la tête de l'enfant Jésus, la couronne de la Vierge ont été restaurés.

Travail français du XIVe siècle.

(Inventaire des sculptures modernes du Musée du Louvre, n° 580.)

14. — Un Donateur.

Statuette.

H. $0^{m},45$. — L. $0^{m},29$.

Le personnage, revêtu d'une ample simarre et tourné vers la gauche, est représenté agenouillé dans la posture traditionnelle des donateurs. C'est un fragment d'une grande composition sculptée.

Travail français; commencement du XVIe siècle.

(Inventaire des sculptures modernes du Musée du Louvre n° 581.)

15. — Sainte Madeleine.

Statuette d'albâtre ou de marbre tendre.

H. 0^m,18

La sainte, debout, est revêtue d'une ample draperie qui laisse l'épaule et le bras droit découverts. De la main droite elle porte le vase à parfums, et de la main gauche elle soutient les plis flottants de sa robe.

La figure est posée sur un socle de même matière, décoré, sur la face et le revers, de deux génies soutenant un écusson chargé de trois épis cantonnés par quatre étoiles et, sur les côtés, de têtes de chérubins et de guirlandes de fruits.

École de Germain Pilon.

(Inventaire des sculptures modernes du Musée du Louvre, n° 582.)

PIERRE

16. — La Vierge et l'enfant Jésus.

Bas-relief d'ardoise ou pierre noire, dite aussi pietra serena ou pietra lavagna.

H. 0^m,290. — L. 0^m,180.

La Vierge assise, vue de profil, la tête couverte d'un voile et tournée vers la droite, tient sur ses genoux l'enfant Jésus qui cherche à embrasser sa mère.

On trouve, dans l'enfant Jésus de ce bas-relief, le même sentiment que dans le Bambino de la Madone en marbre du Musée de Turin. Les yeux sont rendus par le même procédé. L'ornement en forme d'épaulette, qui se voit ici sur la manche de la Vierge, se remarque également dans le vêtement de la Madone de Turin. Le style général et l'exécution du bas-relief, qui est d'une très faible épaisseur, rappellent tout à fait l'école de Donatello. Il existe chez M. Dreyfus, en provenance de la première collection de M. Timbal, une autre répétition ancienne en marbre blanc du même sujet, d'après un type préexistant qui a pu émaner du chef même de l'école. Le bas-relief du Louvre est encore à comparer avec un bas-relief en pierre noire, représentant la Vierge et l'enfant Jésus, possédé par M. Drury-Fortnum, à Stanmore-Hill, et avec un bas-relief en ardoise non terminé, œuvre d'école sortie de la même inspiration, mais non de la même main, chez M. le baron Ch. Davillier.

École de Donatello.

(Inventaire des sculptures modernes du Musée du Louvre, n° 583.)

17. — La Vierge et l'enfant Jésus.

Statuette de pierre peinte et dorée.

H. 0^{m},69. — L. 0^{m},24.

La Vierge debout, la tête couverte d'un voile

blanc, vêtue d'une robe bleue et d'un manteau rouge ornés de riches orfrois, soutient l'enfant Jésus appuyé sur son genou gauche, et, de la main gauche, qui a été restaurée, porte une fleur. Le manteau, très ample, retombe sur les pieds et s'étale sur le sol en plis ondoyants. L'enfant Jésus tient de la main gauche un oiseau et présente de la main droite une pomme à sa mère.

École de Bourgogne; milieu du xve siècle.

(Inventaire des sculptures modernes du Musée du Louvre, n° 584.)

18. — Concert de trois anges chanteurs.

Fragment d'une scène sculptée en haut relief et sur pierre.

H. 0^{m}, 55 — L. 0^{m}, 34

Les musiciens célestes, revêtus d'aubes flottantes enrichies d'ornements en couleur, semblent sortir d'un nuage. Ils ont la bouche ouverte et soutiennent de leurs mains un long cahier où se lit, notée, l'harmonie qu'ils exécutent. La pierre est peinte et dorée.

École de Bourgogne; xve siècle.

(Inventaire des sculptures modernes du Musée du Louvre, n° 585.)

TERRE CUITE

19. — La Vierge et l'enfant Jésus

Groupe de haut relief en terre cuite peinte et dorée.

H. 0^m,80.

La Vierge nimbée, représentée à mi-corps et la tête couverte d'un voile décoré d'arabesques, tient dans ses bras l'enfant Jésus nimbé, assis à demi-nu sur un coussin et bénissant. Cette sculpture, peinte en blanc pour imiter la couleur d'une terre cuite émaillée des della Robbia, a été destinée vraisemblablement à orner la lunette d'un tombeau ou le tympan d'un retable d'autel. Elle a du être appliquée sur un fond coloré et contenue dans un encadrement circulaire.

C'est un ouvrage florentin de la seconde moitié du xve siècle. La grâce maniérée et souple de la pose, le style des draperies pourraient faire reconnaître dans cette sculpture une œuvre due à l'école ou à l'influence de Verrocchio. Il paraît utile de faire remarquer en même temps, pour constater un rapprochement qui se présente à la pensée, qu'il existe à Florence, dans l'église de Santa-Croce, sur un des murs de la sacristie, un bas-relief de terre cuite photographié par Brogi sous le n° 3549 de son catalogue, dont la composition est indiscutablement de

Verrocchio et qui a été recouvert d'un émail par l'atelier des della Robbia.

École florentine; deuxième moitié du xve siècle.

(Inventaire des sculptures modernes du Musée du Louvre, n° 586.)

20. — La Vierge et l'enfant Jésus

Statuette de terre cuite

H. 0m,510. — L. 0m,270.

La Vierge assise, vêtue d'une robe rouge et d'un manteau bleu, contemple l'enfant Jésus endormi sur ses genoux. Les carnations ont été repeintes.

Cette sculpture offre dans la pose et dans l'expression générale quelque ressemblance avec la figure, également de terre cuite, du musée de South-Kensington décrite sous le n° 7574 du catalogue de 1862 par M. J.-C. Robinson, en provenance des collections Gigli et Campana.

École siennoise (?); xve siècle ou commencement du xvie.

(Inventaire des sculptures modernes du Musée du Louvre, n° 587.)

STUC OU PLATRE

21. — Portrait de Femme.

Figure d'applique en stuc peint destinée à un médaillon.

H. 0^{m},490. — L. 0^{m},370.

La femme représentée dans ce portrait porte une robe légèrement plissée peinte en rouge. Un voile blanc, sous lequel l'oreille se dessine, couvre entièrement les cheveux et la nuque. Les carnations sont exprimées par la couleur.

Ce stuc est la reproduction, contemporaine de l'original, d'un marbre du xve siècle, qui passe pour être le portrait de sainte Catherine de Sienne et dont on voit un moulage moderne, à Sienne, dans la maison de la sainte.

École italienne; xve siècle.

(Inventaire des sculptures modernes du Musée du Louvre, n° 588.)

22. — La Vierge et l'enfant Jésus.

Bas-relief en carton peint ou en étoffe enduite de plâtre et ensuite coloriée et dorée.

H. 0^{m},94. — L. 0^{m},56.

La Vierge nimbée, la tête à demi couverte d'un voile et tournée de trois quarts vers la droite, tient de ses deux bras l'enfant Jésus étroitement serré sur sa poitrine. L'enfant divin, dont la tête se présente de face au spectateur, met l'index de sa main droite dans sa bouche. On aperçoit, sous quelques repeints modernes, la dorure et la coloration primitives.

Cette épreuve en carton, tirée au xve siècle, d'après quelque modèle de marbre, de bronze ou de terre cuite, nous conserve le souvenir d'une œuvre fort intéressante qu'on doit, pour assigner une époque et une école à son exécution, rapprocher, par le style, de la belle terre cuite peinte achetée par le Louvre en 1880. On devra également, en face de cette sculpture, évoquer le souvenir du bas-relief de marbre placé au-dessus de la porte latérale du dôme de Sienne, de la madone de bronze venant de Fontainebleau et des bas-reliefs portant au South-Kensington museum les nos 7412 et 7590. Ces sculptures, se rattachant plus ou moins intimement entre elles, relèvent toutes d'une même inspiration et émanent d'une même école que je croirais volontiers florentino-siennoise. J'ai étudié dans une brochure (*Acquisitions du Musée de la sculpture moderne au Louvre en 1880*, p. 10 à 16) quelques œuvres qui ressemblent par le style à ce bas-relief de la collection Timbal et qui forment un groupe important dans l'histoire de la plastique italienne du xve siècle.

École florentine ou siennoise de la fin du xve siècle.

(Inventaire des sculptures modernes du Musée du Louvre, no 589.)

23. — La Vierge glorieuse.

Bas-relief de stuc peint et doré.

H. sans le cadre, $0^{m},72$. — L. sans le cadre, $0,^{m}50$.

La Vierge nimbée, tournée de trois quarts vers la droite, la tête couverte d'un voile, est soutenue sur les nuages par deux anges et presse sur son sein l'enfant Jésus, endormi et nimbé. Le fond est peint en bleu ; les figures sont dorées et la bordure de bois vermoulu qui contient ce bas-relief est contemporaine de la sculpture.

Le Musée de South-Kensington possède, sous le n° 7411'60, une autre reproduction de ce bas-relief également en stuc, renfermée dans un cadre à peu près identique. Cette sculpture est, à Londres, attribuée à Francesco da San Gallo.

École florentine ou romaine ; milieu du XVIe siècle.

(Inventaire des sculptures modernes du Musée du Louvre, n° 590.)

BOIS

24. — Le Christ sur la Croix.

Bas-relief.

H. 0m,13. — L. 0m,11.

Le Christ est ceint d'une tunique nouée autour des reins et qui descend jusqu'aux genoux. Les bras sont étendus horizontalement et les pieds séparés s'appuient sur une tablette inclinée. Au-dessus de la tête, un écriteau portant l'inscription : IHS NAZAREN(*us*) REX IVDEORV(*m*). La croix porte encore des restes de dorure.

Des deux côtés de la partie supérieure de la croix, dont la hampe dépasse de beaucoup la traverse, le soleil et la lune; ces figures sont mutilées, mais on distingue encore sur les disques qui les portent les noms : SOL et LVNA.

Quatre personnages sont figurés au pied de la croix, debout sur des escabeaux élevés. A gauche, la Vierge se détournant, les mains jointes, puis, Longin, tenant la lance avec laquelle il perça le côté du Christ; il porte le heaume pointu, une tunique courte, fermée sur le devant, et des chausses. A droite, Stephaton, le soldat qui présenta à Jésus l'éponge imbibée de vinaigre. Son costume est à peu près le même que celui de Longin, mais, au lieu du heaume, il est coiffé d'une cervelière ou d'un chapeau en calotte et, sur ses jambes, on voit des lanières croisées ; après lui, saint Jean, en costume de diacre, tenant l'Évangile ; il se tourne vers sa gauche. Les noms des quatre personnages sont écrits au-dessus de leurs têtes, sous les bras de la croix : STA MARIA. LONGINVS. STEFATO(*n*), S. IOH(*anne*)S. Un vase en forme de buire, vraisemblablement le saint Graal, est dessiné dans le fond, à droite de la croix. Sur le biseau du cadre on lit ces deux vers :

IN CRVCE PRECLARA MORS EXVPERATUR AMARA
VICTIMA PRO SERVO FIT MV(*n*)DI VITA PROTERVO

Travail occidental ; XIIe siècle.

(Inventaire des objets d'art du Musée du Louvre, n° 2579.)

25. — La Vierge et l'Enfant Jésus.

Statuette de bois.

H. 0m,430. — L. 0m,165.

La Vierge assise, couronnée, les cheveux couverts d'un voile et vêtue d'une robe large et flottante serrée à la taille par une ceinture, tient l'enfant Jésus assis sur son genou gauche. Une restauration a restitué le fleuron qui devait se trouver dans la main droite. L'enfant Jésus, vêtu et la jambe gauche découverte, porte un globe ou une pomme de la main gauche, et, de la main droite, qui est restaurée, bénit. Le visage de la Vierge et celui de l'Enfant s'éclairent du sourire particulier aux têtes sculptées du XIIIe siècle.

Travail français; XIIIe siècle.

(Inventaire des sculptures modernes du Musée du Louvre, n° 591.)

26. — La Flagellation.

Fragment d'un retable sculpté en bas-relief et découpé à jour.

H. 0m,880.

Sous un arc décoré dans le goût de la plus riche architecture de la seconde moitié du XIIIe siècle, le Christ est frappé de verges par deux bourreaux. La peinture, dont ce bas-relief avait été recouvert, a disparu.

Travail français (?) ; deuxième moitié du XIIIe siècle.

(Inventaire des sculptures modernes du Musée du Louvre, n° 593.)

27. — Un Ange.

Statue.

H. 0m,900.

Le messager céleste est représenté pieds nus, sous les traits d'un jeune homme aux cheveux bouclés et à la tête pensive. Il est vêtu d'une robe et d'un ample manteau. On voit dans le dos le point d'attache des ailes qui ont disparu. Les deux mains sont le produit d'une restauration moderne.

Travail français de la deuxième moitié du XIIIe siècle.

(Inventaire des sculptures modernes du Musée du Louvre, n° 593.)

28. — La Vierge et l'enfant Jésus.

Statuette.

H. 0^{m},220.

La Vierge, assise à terre et le genou droit relevé, allaite l'enfant Jésus qu'elle soutient dans ses bras.

Travail français du XIVe siècle.

(Inventaire des sculptures modernes du Musée du Louvre, nº 594.).

29. — Tête de Femme.

Fragment d'une statue de Vierge de grandeur naturelle.

H. 0^{m},360.

Cette tête est couverte d'un voile et ceinte d'une couronne à fleurons alternant grands et petits. Elle porte des traces de peinture et de dorure. Elle a été achetée par M. Timbal comme provenant de l'église de Saint-Pierre-aux-Bœufs de Paris.

Travail français du XIVe siècle.

(Inventaire des sculptures modernes du Musée du Louvre, nº 595.)

30. — Sainte Marie-Madeleine ou une autre sainte Femme.

Statuette.

H. 0^{m},135.

La sainte, caractérisée par la boîte à parfums

qu'elle porte dans sa main droite, est vêtue d'un ample manteau qui couvre sa tête et qu'elle ramène sur sa poitrine avec la main gauche. L'ouverture du manteau laisse voir le haut de la robe, qui retombe en plis épais sur les pieds chaussés de souliers pointus. Les cheveux sont maintenus par un cercle avec une pierre en losange au milieu du front.

Travail français du XVe siècle.

(Inventaire des objets d'art du Musée du Louvre, n° 2580.)

31. — Saint Jean-Baptiste.

Statue.

H. 0m,850.

Le saint, debout, portant de la main gauche un petit agneau, apparaît à l'âge de la maturité avec sa maigreur traditionnelle et la tête barbue. Le corps est couvert d'une très ample draperie aux plis accentués et abondants.

École de Bourgogne ; XVe siècle.

(Inventaire des sculptures modernes du Musée du Louvre, n° 596.)

32. — Un saint Évêque.

Statuette.

H. 0m,475.

Le saint, debout, s'appuyait de la main gauche sur la crosse aujourd'hui disparue. Il bénit de la main droite. Une restauration moderne a restitué les deux mains.

Travail français du commencement du XVIe siècle.

(Inventaire des sculptures modernes du Musée du Louvre, n° 597.)

33. — La Nativité.

Fragment d'un rétable sculpté en ronde bosse.

H. 0m,650. — L. 0m,450

L'enfant Jésus, entouré d'anges et couché sur un drap, est adoré par la Vierge et par saint Joseph. Celui-ci tient un cierge à la main. Une sainte en extase, ou peut-être une donatrice, vêtue et coiffée à la mode flamande du XVe siècle, assiste dans le fond à la scène qui a encore pour témoins, d'un côté, le bœuf, et, de l'autre, l'âne de la crèche. Pardessus la toiture de l'étable, on voit, dans le lointain, les bergers et les rois qui doivent venir à Bethléem.

Travail flamand; fin du XVe siècle ou commencement du XVIe.

(Inventaire des sculptures modernes du Musée du Louvre, n° 598.)

34. — La Vierge et l'enfant Jésus.

Statuette.

H. 0m,280. — 0m,225.

La Vierge assise, les cheveux épars sur les épaules et la tête entourée d'une couronne de laiton, tient l'enfant Jésus sur son genou gauche. De la main droite elle soulève le bras de l'enfant dirigé en avant dans le geste de la bénédiction.

Travail flamand du commencement du XVIe siècle.

(Inventaire des sculptures modernes du Musée du Louvre, n° 599.)

IVOIRE

35. — Le Christ dans sa gloire.

Plaque de reliure.

H. 0m,167. — L. 0m,125.

Le Christ, assis sur un trône, lève la main droite pour bénir à la manière grecque : de l'autre il tient l'Évangile. Sa tête est entourée d'un nimbe crucifère. Ses pieds, chaussés de sandales, sont posés sur un escabeau. Le trône est enrichi de pierreries, garni d'un coussin brodé, et le dossier tendu d'étoffe. Des deux côtés de la tête l'inscription : IC XC.

Deux colonnes portent une arcature formant le dais sous lequel le Christ est assis. Les acanthes des chapiteaux, les bases des colonnes et l'arcature sont dorées.

Travail byzantin ; XIe siècle.

(Inventaire des objets d'art du Musée du Louvre, n° 2590.)

36. — Symboles des quatre évangélistes.

Plaques sculptées destinées à compléter la plaque précédente.

H. 0^m,044. — L. 0^m,127.
H. 0^m,031. — L. 0^m,130.

On y a figuré les symboles des évangélistes. Sur la plaque supérieure, cintrée par le bas, l'homme ailé, attribut de saint Mathieu, et l'aigle, attribut de saint Jean. Au milieu, une colombe nimbée, figurant le Saint-Esprit ; sur la plaque inférieure, le lion ailé de saint Marc et le taureau ailé de saint Luc. Au milieu, l'agneau, dont la tête est entourée d'un nimbe crucifère. Entre ses pieds de devant est placé l'Évangile. Les nimbes qui entourent la tête de l'homme et de l'aigle sont dorés.

La plaque centrale est un travail byzantin du XIe siècle, mais les deux plaques, ajoutées sans doute pour faire la couverture d'un évangéliaire, sont un ouvrage occidental et probablement français du XIIe siècle.

(Inventaire des objets d'art du Musée du Louvre, n°s 2591-2592.)

37. — La Vierge et l'enfant Jésus.

Plaque de reliure.

H. 0^m,140. — L. 0^m,100.

La Vierge tient sur son bras gauche l'enfant Jésus, qui bénit à la manière grecque. Il est vêtu de la tunique, du manteau, et ses pieds sont chaussés de sandales. Sa tête est entourée d'un nimbe crucifère; celle de la Vierge d'un nimbe simple. La Vierge est debout sur un marche-pied sculpté et placée sous une arcade ornée de feuilles d'acanthe que portent deux colonnes cannelées en spirale. Des deux côtés du groupe sont figurés deux saints en buste, l'un barbu, l'autre imberbe; tous deux portant une chlamyde. Leurs têtes sont nimbées.

Travail byzantin; XIe ou XIIe siècle.

(Inventaire des objets d'art du Musée du Louvre, n° 2602.)

38. — Une des huit Béatitudes.

Bas-relief.

H. 0m,130. — L 0m,110.

Cette allégorie est représentée par un personnage dont la tête est entourée d'un nimbe et qui tient une large banderole sur laquelle on lit :

BEATI QUI LUGENT QUONIAM IPSI CONSOLABUNTUR.

Le personnage est vêtu d'un ample manteau, ses pieds sont nus. Il paraît assis au milieu d'une auréole quadrilobée dont le contour est circonscrit par une bande ornée de feuillages et le fond rempli par des entrelacs; de cette auréole partent des rayons qui se dirigent vers les groupes des affligés qui remplissent l'espace laissé entre le quadrilobe et le cadre de la composition. Il y en a cinq dans l'angle du bas à droite et quatre dans les trois autres. Le cadre est orné de feuillages.

Cette composition est la reproduction exacte d'une des grandes plaques de cuivre gravé qui ornent le lustre d'Aix-la-Chapelle.

Travail allemand; fin du XIIe siècle.

(Inventaire des objets d'art du Musée du Louvre, n° 2604.)

39. — Jésus-Christ entouré d'Anges.

Bas-relief.

H. $0^{m},133$. — L. $0^{m},097$.

Jésus-Christ est assis dans une auréole double. Sa tête est entourée d'un nimbe crucifère. Il est imberbe. De sa main droite il bénit à la manière latine, la gauche s'appuie sur le livre des Évangiles. Deux anges soutiennent l'escabeau sur lequel ses pieds sont posés. Deux autres descendent du ciel les mains étendues vers l'auréole qui l'enveloppe. De chaque côté un séraphin, muni de trois paires d'ailes, se tient debout sur un nuage, la tête tournée vers le Christ, les mains étendues dans l'attitude de l'adoration.

Aux quatre angles de la plaque, sont figurés les symboles des évangélistes, en haut l'homme ailé et l'aigle, en bas le lion et le taureau ailés, chacun d'eux tenant un évangile ouvert. Le cadre est entouré d'une bordure de palmettes.

Travail allemand; XIIe siècle.

(Inventaire des objets d'art du Musée du Louvre, n° 2603.)

40. — Crucifix.

H. 0^m,185. — L. 0^m,140.

Le Christ est attaché sur la croix par quatre clous. Il est couvert d'une tunique nouée autour de ses reins et tombant jusqu'aux genoux. Ses pieds posent sur un support incliné décoré d'un ornement dérivé de l'acanthe. Derrière sa tête, sur la croix, est figuré un nimbe crucifère. Au-dessus, sur trois bandes, l'inscription : IHS NAZAREN(*us*) REX IVDEORV(*m*).

Aux extrémités des branches de la croix, sont figurés, dans des encadrements en demi-cercle, le soleil et la lune. D'un côté le soleil, sous les traits d'un jeune homme tête nue, vu à mi-corps, tient de la main droite une torche enflammée et porte la main gauche vers sa face comme pour la voiler : sur un cartouche le mot SOL. De l'autre côté, la lune, sous la figure d'une femme voilée, mais dont le visage est découvert; dans une de ses mains levée elle tient un croissant, de l'autre elle fait le même geste que le soleil; sur un cartouche, dans la bordure, le mot LVNA.

Dans des encadrements semblables, aux deux extrémités de l'arbre, en haut une main sortant des plis d'un vêtement et tendue vers le Christ. Dans la bordure on lit ces mots : DEXT(*r*)A D(*omi*)NI FECIT VIRTVTEM. Au bas est une figure de femme agenouillée, la tête et les bras levés vers le Christ.

Dans l'encadrement est écrit : NATE MARIS STELLE VENIAM C(*on*)CEDE SIBILLE.

Travail occidental; XIIe siècle.

(Inventaire des objets d'art du Musée du Louvre, nº 2593.)

41. — La Vierge et l'enfant Jésus.

Statuette.

H. 0m,190.

La Vierge, debout, tient l'enfant Jésus assis sur son bras gauche et le soutient de la main droite posée sur sa poitrine. Elle est coiffée d'un voile, sur lequel est ajustée une couronne d'argent à quatre fleurons. Son manteau, ouvert sur la poitrine, est retenu par une ganse. Il descend presque jusqu'aux pieds, chaussés de souliers pointus, dont les plis épais de la robe ne laissent voir que les extrémités. Sur la poitrine est un joyau posé en fermail, fait d'une feuille d'argent quadrilobée, avec une émeraude en table. La Vierge regarde l'enfant Jésus qui tourne la tête vers elle et lève la main droite pour bénir; dans sa main gauche il tient la boule du monde. Il est vêtu d'une longue tunique.

La plate-forme arrondie, sur laquelle la Vierge est debout, est posée sur deux basilics supportés eux-mêmes par une tablette carrée.

Travail français; XIIIe siècle.

(Inventaire des objets d'art du Musée du Louvre, nº 2583.)

42. — La Vierge et l'enfant Jésus.

Statuette.

H. 0^{m},25.

La Vierge, assise sur un siège sans dossier, soutient de la main gauche l'enfant Jésus assis sur ses genoux. Elle est vêtue d'une robe à ceinture bouclée et d'un manteau ouvert sur le devant, et maintenu au moyen d'une ganse qui passe sur la poitrine. Le voile, qui couvre sa tête et retombe sur ses épaules, est bordé d'un orfroi qui n'est visible que par derrière. La couronne qui avait été rapportée par-dessus a disparu. Elle pose son pied gauche sur un basilic.

L'enfant Jésus regarde sa mère et lève la main droite pour bénir; la main gauche, qui tient un fruit, est une restauration; il est vêtu d'une longue tunique et a la tête et les pieds nus.

Travail français du XIIIe siècle.

(Inventaire des objets d'art du Musée du Louvre, n° 2581.)

43. — La Vierge et l'enfant Jésus.

Statuette.

H. 0^{m},190.

La Vierge, assise sur un siège sans dossier, tient des deux mains l'enfant Jésus, qui porte une main vers le sein de sa mère et tient l'autre appuyée sur son épaule. Elle est vêtue d'une robe, d'un manteau et d'un voile par-dessus lequel est figurée une couronne. Des trous indiquent qu'on y avait postérieurement ajouté un diadème de métal qui a disparu. L'enfant Jésus est vêtu d'une longue tunique.

Travail français du XIIIe siècle.

(Inventaire des objets d'art du Musée du Louvre, n° 2582.)

44. — La Vierge et l'enfant Jésus.

Bas-relief rapporté sur un fond.

H. 0^m,130.

La Vierge, assise, soutient de la main gauche l'enfant Jésus assis sur son genou. Elle est vêtue d'une robe à ceinture et d'un ample manteau qui tombe à plis abondants sur ses pieds chaussés de souliers pointus. Sa tête est couverte d'un voile, sur lequel est ajustée une couronne formant un simple bandeau. Dans sa main droite, elle tient une fleur. L'enfant Jésus est vêtu d'une longue tunique. Il est tourné vers sa mère. Dans sa main gauche, il tient une boule. Le bras droit manque.

Travail français du XIIIe siècle.

(Inventaire des objets d'art du Musée du Louvre, n° 2585.)

45. — La Mort et la Glorification de la Vierge.

Volet de diptyque.

H. 0^m,248. — L. 8^m,100.

On reconnaît dans les sujets distribués sur les

compartiments de ce tableau, qu'un autre complétait, plusieurs circonstances du récit que dans les églises au XIIIe siècle, on faisait de la mort et de l'assomption de Marie. Jacques de Voragine, qui vivait dans ce temps, nous en a conservé les détails, que l'on trouvera dans la *Légende dorée.*

La mort de la Vierge est représentée sous les deux arcades qui encadrent les compartiments inférieurs. Son corps est couché sur un lit, enveloppé d'un suaire. Jésus-Christ, debout auprès du lit, reçoit son âme et bénit sa dépouille. Six apôtres sont auprès d'elle; les six autres étaient sans doute figurés sur le volet correspondant.

Au-dessus, du côté gauche, on peut reconnaître, d'après le récit de Jacques de Voragine, l'ange qui apparaît à Marie, peu de temps avant sa mort, et lui apporte une branche de palmier du paradis. L'ange remet la palme entre les mains de la Vierge, et, de sa main droite, indique le ciel. Derrière lui est une figure de femme, sans nimbe, dont l'attitude exprime l'admiration. Dans le compartiment supérieur, du même côté, on voit la Vierge étendue sur le lit où elle doit rester, dit la légende, jusqu'à sa sépulture. Elle tient la palme et la présente à saint Jean, qui s'agenouille devant elle, pour qu'il la fasse porter devant son cercueil quand il la conduira au tombeau.

A droite, au-dessus du groupe des apôtres, deux anges accompagnant du son de leurs instruments le concert des bienheureux, dont on entendit les chants, sans qu'on pût les voir eux-mêmes, quand fut emporté le corps de la Vierge. L'un joue de la viole et l'autre du psaltérion. Dans le compartiment supérieur, le corps de la Vierge, auquel l'âme s'est de nouveau réunie, monte au ciel, où il est reçu par un ange qui, le doigt levé, montre sans doute Jésus-Christ qui devait être figuré sur l'autre volet, venant au-devant de sa mère pour la couronner.

Travail français, fin du XIIIe siècle.

(Inventaire des objets d'art du Musée du Louvre, n° 2606.)

46. — La Nativité.

Bas-relief.

H. 0m,110. — L. 0m,130.

La Vierge est étendue sur un lit, tenant l'enfant Jésus dans son giron. Elle entr'ouvre sa robe et découvre son sein vers lequel l'enfant tend la main. Elle est vêtue d'une robe agrafée sur le cou et d'un voile qui tombe sur ses épaules. L'enfant Jésus porte une longue tunique. Au pied du lit est assis saint Joseph, qui lève une main, en faisant le geste de la bénédiction, et tient l'autre appuyée sur un bâton en forme de tau. Il est coiffé du bonnet juif et vêtu d'un long manteau agrafé sur la poitrine, dont les plis, tombant jusqu'à terre, ne laissent voir que l'extrémité de ses souliers pointus. Le lit est couvert de courte-pointes qui le cachent entièrement. Le sujet est placé dans l'intérieur d'une chambre tendue tout autour de rideaux : ceux du devant, qui s'écartent pour laisser voir les personnages, sont suspendus à une tringle; ceux du fond sont fixés par des clous. Sous une arcature trilobée, on voit la tête du bœuf et de l'âne qui ont réchauffé l'enfant de leur souffle. C'est la seule allusion pittoresque à la scène historique de la Nativité.

Travail français du XIIIe siècle.

(Inventaire des objets d'art du Musée du Louvre, n° 2596.)

47. — Histoire de l'Enfant prodigue.

Bas-reliefs d'applique.

H. 0^{m},050. — L. 0^{m},175 et 0^{m},090.

Destinées primitivement à l'ornement d'un coffret, comme l'indique la place marquée pour l'ajustement d'une serrure, ces trois plaques n'en formaient anciennement que deux; l'une d'elles a été sciée pour être adaptée d'une manière différente. Les bas-reliefs conservés étaient appliqués aux côtés longs du coffret. Les sujets figurés sur les deux côtés manquent pour que l'histoire soit complète.

Première plaque. — A gauche, l'enfant prodigue prend congé de son père et de sa mère. Ceux-ci sont assis. Le fils est agenouillé et reçoit la part qu'il réclame de son héritage. Le père tient d'une main la bourse qui contient l'argent et lève l'autre comme pour le bénir. Il est vêtu d'une longue robe et porte une cape. Le fils est nu-tête. La mère est vêtue d'une robe et d'un voile court.

Au milieu, l'enfant prodigue part à cheval, un faucon sur le poing. Il est vêtu comme dans le compartiment qui précède. Sous le carré de la serrure un pauvre se tient incliné; plus loin un serviteur, vêtu d'une robe et de chausses, porte une pique et un fouet à plusieurs lanières, avec lequel il presse un cheval qui marche devant lui, chargé du bagage; un chien est placé sur le coffre couvert d'une housse que le cheval porte sur son dos.

Deuxième plaque. — L'enfant prodigue est à table avec une femme et un compagnon de plaisir; il saisit un hanap que la femme lui présente, le personnage assis à sa droite tient un broc. Dans le compartiment suivant on voit l'enfant prodigue et la femme réunis sous une courtine. On n'aperçoit que leurs têtes au-dessus d'une sorte de cuvier qui leur sert de baignoire. Une servante s'approche d'eux tenant une coupe. Plus loin, l'enfant prodigue est chassé par la femme qui l'a ruiné. Elle s'est armée d'un battoir; de la main gauche elle relève sa robe et découvre sa jambe.

Dans le dernier compartiment, l'enfant prodigue n'ayant qu'une chemise pour tout vêtement, est agenouillé devant un personnage qui n'est autre que Dieu, lui apparaissant sous la figure d'un pèlerin. On voit derrière lui, sur un coteau, les pourceaux qu'il a été réduit à garder.

Travail français; XIIIe siècle.

(Inventaire des objets d'art du Musée du Louvre, n° 2589.)

48. — Retable d'autel domestique.

Poliptyque.

H. 0m,290.

Ce retable est composé d'une édicule centrale sur laquelle se replient deux doubles volets.

Au centre, la Vierge tenant l'enfant Jésus sur le bras gauche. Elle est debout, couronnée, et tient dans sa main droite un sceptre dont il ne subsiste qu'un tronçon. L'enfant Jésus tient un fruit dans sa main gauche et appuie la droite sur la poitrine de sa mère. La couronne de la Vierge et les orfrois de son manteau sont dorés. Le revers du manteau conserve des restes de couleur rouge et bleu. La chaussure est noire. Le dais sous lequel est placé le groupe central repose en avant sur deux colonnettes, en arrière sur des consoles. Il a trois pinacles sur autant d'arcades trilobées. Au centre du tympan, un fleuron trilobé conserve des restes de couleur rouge. Les volets sont surmontés de frontons, chacun d'eux est divisé en deux registres.

Volets de gauche, registre supérieur. A droite, l'Annonciation. La Vierge, debout, tient dans la main gauche un livre coloré en vert avec des ornements dorés. Elle lève la main droite vers l'ange qu'on voit jusqu'à mi-corps et qui descend vers elle, tenant une banderolle sur laquelle on distingue encore le commencement de la salutation, AVE MARIA GRA... Devant la Vierge est posé à terre un vase dans lequel est une tige de lis.

La Visitation. La Vierge et sainte Elisabeth sont

debout. La première tient un livre vert avec dorures. Les vêtements gardent des restes de dorure et de couleur rouge.

Registre inférieur. — L'Adoration des rois. Le sujet occupe les deux volets. Sous l'arcade de gauche, le plus jeune des trois rois, debout, porte un vase coloré en vert et doré. Sa couronne et ses cheveux, les orfrois de son manteau sont encore en partie dorés. Le revers de son manteau et ses bas de chausses étaient rouges. Les deux autres rois sont placés sous l'arc de droite, l'un debout, couronné, se tournant en arrière en levant la main droite vers la Vierge; l'autre, un genou à terre, nu-tête, tenant sa couronne sur son genou plié, élève vers la Vierge l'autre main dans laquelle il tient son offrande. Les couronnes, les cheveux des deux rois et leurs barbes gardent des traces de dorure.

Volets de droite. — Registre supérieur. La Nativité occupant deux arcades. Sur le volet de droite, la Vierge, à demi-couchée ; au-dessus d'elle, au fond de la crèche, les têtes du bœuf et de l'âne. Devant elle est assis saint Joseph, la tête couverte par son manteau; il tient l'enfant Jésus emmailloté.

Registre inférieur. — La Présentation au Temple : sur le volet de gauche, la Vierge, debout, présentant l'enfant Jésus, qui lève la main pour bénir. Sur le volet de droite, saint Siméon s'apprêtant à le recevoir, les deux mains couvertes d'un voile. Il fléchit le genou devant un autel voilé. Ses pieds sont nus.

Travail français; XIVe siècle.

(Inventaire des objets d'art du Musée du Louvre, n° 2587.)

49. — La Vierge et l'enfant Jésus.

Volet de diptyque.

H. 0m,100. — L. 0m.66.

La Vierge, debout, la tête ceinte d'une couronne par dessus son voile, vêtue d'une robe à ceinture et d'un ample manteau, tient l'enfant Jésus assis sur son bras gauche ; de la droite elle lui présente une fleur qu'il va saisir. L'Enfant Jésus est vêtu d'une longue tunique. Dans sa main gauche il porte un fruit. De chaque côté un ange est debout présentant un cierge.

Au-dessus des figures, trois arcades trilobées, surmontées de pignons garnis de crochets de feuillage.

Travail français ; XIVe siècle.

(Inventaire des objets d'art du Musée du Louvre, no 2600.)

50. — La Vierge et l'enfant Jésus. La Crucifixion.

Diptyque.

H. 0m,140. — L. 0m,193.

Sur le volet de gauche, la Vierge et l'enfant Jésus. La Vierge debout, la tête ceinte d'une couronne ajustée par-dessus son voile, vêtue d'une robe qui tombe à plis épais sur ses pieds, et d'un ample manteau, tient l'enfant Jésus assis sur son bras gauche et, dans sa main droite, un oiseau. Jésus, vêtu d'une longue tunique, saisit l'oiseau par les ailes ; dans sa main gauche est placée une boule. De chaque côté un ange portant un flambeau.

Sur le volet de droite la Crucifixion. Jésus est attaché à la croix par trois clous. La Vierge, debout, vêtue d'une robe à ceinture et d'un manteau ramené sur sa tête, est placée à sa droite ; à sa gauche, saint Jean, couvert d'un ample manteau et tenant un livre. L'attitude des deux figures exprime la douleur. Au-dessus de la croix, le soleil et la lune.

Les deux sujets sont placés sous une arcature trilobée surmontée de gables garnis de crochets de feuillage. Au-dessus, de chaque côté, un oculus trilobé.

Travail français ; XIVe siècle.

(Inventaire des objets d'art du Musée du Louvre, n° 2601.)

51. — L'Ascension et la Pentecôte.

Diptyque.

H. 0^{m},071. — L. 0^{m},113.

Sur le volet de gauche, l'Ascension. Au milieu, la Vierge debout, vêtue d'une robe à ceinture et d'un manteau relevé sur sa tête, les mains levées et les regards dirigés vers le ciel. A sa droite, saint Jean : il tient un livre et une palme. A sa gauche, saint Pierre tenant une clef; derrière eux cinq autres apôtres. Tous sont debout. Au-dessus de la tête de la Vierge on aperçoit le bas de la robe et les pieds du Christ montant au ciel.

Sur le volet de droite, la Pentecôte. Au milieu la Vierge assise, vêtue comme sur le volet de gauche. Elle tient un livre d'une main et lève l'autre. Saint Jean, tenant un livre et une palme, est assis à sa droite. A sa gauche saint Pierre tenant une clef, la tête inclinée ; il pose la main droite sur sa poitrine. Derrière eux on aperçoit sept des apôtres. Au-dessus de la tête de la Vierge, le Saint-Esprit descend du ciel sous la forme d'une colombe; de son bec sortent des flammes, qui ont été colorées en rouge.

Les deux sujets sont placés, chacun sous trois arcatures trilobées et ornées de crochets de feuillage.

Travail français ; XIVe siècle.

(Inventaire des objets d'art du Musée du Louvre, n° 2599.)

52. — Le Couronnement de la Vierge.

Volet de Diptyque.

H. 0^{m},105. — L. 0^{m},069.

La Vierge est assise à la droite du Christ ; elle s'incline en joignant les mains. Elle est couverte d'un ample manteau et d'un voile par-dessus lequel le Christ place la couronne de sa main droite ; la gauche s'appuie sur un livre. Lui-même est couronné ; il porte un manteau. Au-dessus, deux anges agitent des encensoirs. Le sujet est placé sous une arcade trilobée, surmontée d'un pignon orné de crochets ; de chaque côté un oculus quadrilobé.

Travail français ; XIVe siècle.

(Inventaire des objets d'art du Musée du Louvre, n° 2598.)

53. — La Trahison de Judas et la Flagellation.

Tablette à écrire.

H. 0m,105. — L. 0m,068.

La tablette est divisée en deux registres, chacun renfermant un sujet placé sous une double arcade trilobée. En haut : la trahison de Judas. Au milieu, Jésus est debout recevant le baiser de Judas, qui le tient embrassé ; celui-ci est couvert d'un capuchon relevé. Derrière lui est un soldat, portant un haubert et un surcot, qui lui saisit le bras gauche, et plus loin un autre soldat vêtu de même et tenant une dague ; en arrière, on aperçoit un personnage coiffé d'un bonnet juif. Aux pieds de Jésus est Malchus renversé à terre. Jésus étend la main vers sa blessure. Derrière Judas est un groupe de trois personnages. Le plus éloigné est saint Pierre remettant l'épée au fourreau, il est nu-tête, vêtu d'une longue robe et, par dessus, d'un manteau ou garde-corps ; le personnage placé devant lui tient d'une main une hache, de l'autre une lanterne avec laquelle il éclaire le visage de Jésus.

En bas : la Flagellation. Jésus est attaché par les mains à un pilier ; il est nu, sa tunique ne couvre que ses cuisses. Deux hommes vêtus de robes, de chausses et de souliers pointus, le frappent avec des fouets à plusieurs lanières. A gauche Pilate est assis une jambe croisée sur l'autre ; il lève la main droite et paraît commander le supplice. Il est vêtu d'un manteau par-dessus sa robe, de chausses et de souliers pointus.

Travail français; XIVe siècle.

(Inventaire des objets d'art du Musée du Louvre, n° 2597.)

54. — La Vierge et l'enfant Jésus. La Crucifixion.

Diptyque.

H, 0m,095. — L. 0m,110.

Sur le volet de gauche, la Vierge, debout, porte l'enfant Jésus. Elle est vêtue d'une robe, bordée au col d'un orfroi, d'un manteau bordé de même qui laisse la poitrine découverte, d'un voile, et tient une fleur. Un ange descendant du ciel place la couronne sur sa tête. L'enfant Jésus, vêtu d'une longue tunique, lève la main droite pour bénir. Une boule ou un fruit est placé dans sa main gauche. De chaque côté du groupe, est un ange debout tenant un cierge coloré en rouge. Les ailes des anges, la couronne, les orfrois sont dorés. On aperçoit, au revers du manteau de la Vierge, des restes de couleur bleue.

Sur le volet de droite, la Crucifixion. Le Christ est attaché à la croix par trois clous, ses cheveux sont dorés, le sang qui s'écoule de ses blessures est marqué par la couleur rouge. A sa droite est la Vierge, debout, vêtue d'une robe et d'un manteau à orfrois dorés. La doublure de la robe est bleue. Elle porte un voile. Elle lève la main droite et tient dans la gauche un livre. A gauche du Christ, saint

Jean, vêtu d'une robe et d'un manteau à orfrois dorés; il porte une main à son visage et de l'autre il tient un livre. Au-dessus du Christ plane un ange tenant dans sa main le soleil et la lune.

L'arbre de la croix est coloré en rouge-brun. Au-dessus de la tête du Christ le nimbe est remplacé par un fleuron doré à quatre pétales.

Les deux sujets sont placés sous une arcature trilobée, surmontée d'un pignon orné de crochets. De chaque côté un fleuron doré en relief sur un fond bleu. Le fond des deux compositions est semé de fleurons dorés.

Travail français ; XIVe siècle.

(Inventaire des objets d'art du Musée du Louvre, no 2594.)

55. — Diptyque.

H. 0,108. — L. 0m,120.

Chacun des deux volets est divisé en deux registres.

Sur le volet de gauche, en bas, l'Annonciation, La Vierge est debout, vêtue d'une robe à ceinture et d'un manteau ramené sur la tête. Elle tient un livre. Son attitude exprime l'étonnement. A ses pieds est un vase contenant une branche de lis. Devant elle, l'ange Gabriel s'incline, la main droite levée, et porte de la gauche une banderole. — En haut, l'Adoration des rois. La Vierge est assise couronnée, vêtue d'une robe et d'un manteau par dessus lequel tombe son voile. Elle tient de son bras droit l'enfant Jésus vêtu d'une longue tunique; celui-ci monte sur les genoux de sa mère sur la poitrine de laquelle il pose une de ses mains, et plonge l'autre dans un vase que lui présente le plus âgé des trois rois agenouillé devant lui et tenant sa couronne dans sa main droite. Les deux autres rois sont debout derrière le premier, tous deux couronnés. L'un d'eux montre le ciel, l'autre tient un vase.

Sur le volet de droite, en bas, la Trinité. Dieu le père, assis, tête nue, couvert d'un ample manteau, tient de ses deux mains la croix sur laquelle est cloué Jésus; au-dessus de l'arbre de la croix, le Saint-Esprit descendant sous la forme d'une colombe. A droite et à gauche, deux saints debout, l'un tenant un disque sur lequel est figuré un agneau, l'autre tenant un oiseau dans sa main droite et dans la gauche un livre. En haut, la crucifixion. Jésus-Christ est attaché à la croix par trois clous. A sa droite la Vierge, qui s'évanouit, soutenue par saint Jean et par les saintes femmes ; à sa gauche, Stephaton tenant l'orceau et le bâton auquel était attachée l'éponge imbibée de vinaigre ; derrière lui, deux disciples les bras levés vers le ciel. L'un d'eux tient une banderole.

Autour de la tête de la Vierge, dans les deux premiers sujets, et de celle du Père et des deux saints placés à ses côtés dans le troisième, on remarque les restes de nimbes dorés.

Travail français; XIVe siècle.

(Inventaire des objets d'art du Musée du Louvre, n° 2595.)

56. — Diptyque.

H. 0^{m},200. — L. 0^{m},120.

Bas-relief divisé en deux registres. Chacun d'eux renferme un sujet placé sous un rang de cinq arcatures trilobées.

Registre supérieur. La Crucifixion. Jésus est attaché à la croix par trois clous. Au pied de la croix, Joseph d'Arimathie est agenouillé, les mains jointes. Il est vêtu d'une longue robe et d'un bonnet juif; on voit auprès de lui la lance avec laquelle a été percé le flanc du Sauveur. Derrière lui, la Vierge debout, soutenue par les saintes femmes. A la gauche du Christ, Stephaton qui lui tend l'éponge imbibée de vinaigre; il porte l'orceau de la main gauche. Derrière lui, saint Jean, la tête appuyée sur la main; un disciple tenant une banderole et levant un bras au ciel, et un soldat la tête couverte d'un casque et portant un écu décoré d'une face humaine. Sous les arcatures placées aux deux extrémités, deux anges, l'un portant le soleil, l'autre le croissant de la lune.

Registre inférieur. Au milieu, la Vierge debout, tournée vers la gauche, tenant l'enfant Jésus. Elle est couronnée; elle présente une fleur à l'enfant qui la saisit en tournant la tête vers elle; Jésus tient un fruit dans la main gauche. Derrière la Vierge se tient sainte Catherine, couronnée et portant la roue, instrument de son supplice et la palme du martyre. Derrière celle-ci, une autre sainte martyre, peut-être sainte Agnès, portant la palme, un livre et suivie d'un agneau. Devant la Vierge, l'archange Michel, vainqueur du dragon. Il enfonce dans la gorge du monstre la hampe de la croix; son bras droit est appuyé sur un écu triangulaire.

La tablette est encadrée dans une bordure de rinceaux.

Travail français; XIVe siècle.

(Inventaire des objets d'art du Musée du Louvre, nº 2605.)

57. — Diptyque.

H. 0^{m},195 — L. 0^{m},175.

Chacun des volets contient deux sujets placés sous un rang d'arcatures trilobées.

Sur le volet de gauche : en haut, la Crucifixion. Jésus est attaché à la croix par trois clous. La lance qui lui a percé le sein est encore fixée dans la plaie. De chaque côté de la croix est un groupe de trois personnages : d'une part, la Vierge qui s'évanouit, soutenue par les saintes femmes; de l'autre, saint Jean et deux disciples. Sous l'arcade centrale, au-dessus de la croix, le soleil figuré par des rayons sortant des nuages et le croissant de la lune, qui en est à demi enveloppé.

En bas, la Nativité et l'Annonce aux bergers. La Vierge est étendue sur un lit, la tête appuyée sur un oreiller. Elle tend la main à l'enfant Jésus, couché dans un berceau placé à côté du lit. Le bœuf et l'âne sont figurés devant le berceau. Derrière la Vierge, saint Joseph debout, s'appuyant sur un bâton. A droite, un ange descendant du ciel et tenant une banderole, annonce la naissance du Sauveur à un berger qui lève les yeux vers lui. Ce berger est vêtu d'une cotte avec capuchon à camail relevé sur sa tête, et de chaussures à lanières; il s'appuie sur une houlette. Au fond on voit un coteau ou paissent des moutons.

Sur le volet de droite : en haut, la Glorification de la Vierge. La Vierge est assise sur un trône à la droite de Jésus-Christ. Elle se tourne, en joignant les mains vers son fils, qui la bénit. Tous deux portent des couronnes. Deux anges agitent des encensoirs au-dessus de leurs têtes.

En bas : l'Adoration des rois. La Vierge couronnée est assise tenant l'enfant Jésus qui est debout sur ses genoux. Celui-ci se penche et tend sa main ouverte vers le plus âgé des trois rois, qui est agenouillé devant lui, tête nue et tenant sa couronne. Les deux autres rois sont debout, la couronne sur la tête, portant un vase à la main.

Travail français ; XIVe siècle.

(Inventaire des objets d'art du Musée du Louvre, nº 2607.)

58. — Une Sainte martyre.

Statuette.

H. 0m,210.

La sainte est représentée debout, tenant dans sa main droite une épée dont la pointe touche le sol, dans sa main gauche un livre; sur sa tête est fixée une couronne en argent. Ses cheveux tombent librement derrière ses épaules. Elle est vêtue d'un ample manteau ouvert sur la poitrine et ramené sur le bras gauche, par-dessus la robe qui tombe en plis épais sur les pieds chaussés de souliers pointus.

Travail français ; xve siècle.

(Inventaire des objets d'art du Musée du Louvre, n° 2584.)

59. — La Vierge et l'enfant Jésus.

Bas-relief d'applique.

H. 0^m,092.

La Vierge allaite l'enfant Jésus, qu'elle soutient de son bras gauche tandis qu'elle presse son sein de la main droite. Elle est vêtue d'une robe bordée d'orfrois et d'un manteau ramené sur sa tête. Ses cheveux sont dénoués et tombent sur l'épaule droite. L'enfant Jésus est nu, enveloppé dans les plis de la robe de sa mère et couché sur un coussin.

Travail flamand ; xve siècle.

(Inventaire des objets d'art du Musée du Louvre, n° 2586.)

60. — Grand Triptyque.

H. 0^m,57.

Ce triptyque forme une édicule surmontée d'un fronton à triple rang de gables. Les deux supérieurs à rampants droits, l'inférieur en accolade, entrecoupée de clochetons avec pinacles et se détachant sur un fond d'arcatures légères. Tous les rampants sont garnis de larges feuilles frisées. Ce fronton est porté par deux colonnes cannelées en spirale, qui posent sur un stylobate décoré de caissons carrés remplis par un ornement quadrilobé. Ce stylobate pose lui-même sur un soubassement plus large, avançant en accolade à sa partie centrale, et ayant deux saillies semi-circulaires correspondant à la base des colonnes : des arcatures décorent tout le tour du soubassement.

Dans le tympan triangulaire formé par le gable central, on voit, en bas-relief, la figure de Dieu le père sous les traits d'un homme âgé avec une longue barbe et de longs cheveux. Il est vu à mi-corps. Sa tête est nimbée, sa main droite est levée pour bénir, la gauche tient un livre ouvert.

La partie centrale du triptyque est divisée en trois registres : un seul sujet, placé sous les fleurons d'une arcade trilobée, occupe tout le registre supérieur. La Vierge, tenant l'enfant Jésus, est assise de face sur un trône de même style que l'architecture du triptyque et surmonté d'un fronton aigu. L'enfant est nu, il lève la main pour bénir. Des deux côtés sont deux saintes agenouillées : à droite du trône, sainte Catherine, couronnée, une main appuyée sur la roue, instrument de son supplice, de l'autre, tenant la palme du martyre; à gauche, sainte Marie-Madeleine, présentant un vase de parfums. Derrière le trône et les deux saintes est un mur bas décoré de caissons et surmonté d'une ligne de vases.

Chacun des autres registres de la partie centrale est divisé en deux par une colonnette, qui porte, avec deux autres colonnettes placées sur les côtés, une série de petites arcatures du même style que la grande arcade qui abrite le sujet principal, et renferme ainsi deux compartiments remplis par des compositions différentes.

Au second rang, à gauche, la Nativité. La Vierge est agenouillée, en adoration devant l'enfant Jésus, couché nu sur un manteau étendu par terre. Derrière lui, le bœuf et l'âne et la clôture de la crèche, dont le toit abrite la Vierge. A droite, la Visitation. La Vierge et sainte Élisabeth, debout, se tiennent embrassées. A côté d'elles, le roi David, qui a prophétisé la venue du Sauveur; sur sa tête est une couronne et dans ses mains un psaltérion.

Au rang inférieur, à gauche, la Présentation au Temple. La Vierge présente l'enfant Jésus à saint Siméon, qui le prend dans ses bras. Le grand prêtre est coiffé d'un bonnet juif; son manteau est attaché sur le devant par une large agrafe. Derrière la Vierge, un homme portant des colombes et un agneau pour le sacrifice; c'est ainsi que saint Joseph est ordinairement représenté dans cette scène; cependant, la tête n'est pas nimbée. Deux autres personnages assistent saint Siméon. Au fond, on aperçoit les arceaux du temple. A droite, Jésus au milieu des docteurs. Jésus est assis dans une chaire élevée sur un tribunal. Sa main droite est levée; de l'autre, il tient le livre de la loi. Six docteurs l'écoutent : deux sont debout, et par leurs gestes témoignent de leur admiration. Les autres sont assis, trois d'entre eux ont leurs regards tournés vers Jésus. Le quatrième, vu de face, tient sur son genou un livre qu'il ouvre d'un geste violent. Au fond les arceaux du temple.

Les volets sont divisés en trois registres chacun. Sous la demi-arcade qui de chaque côté s'appliquait en se fermant à la moitié de l'arcade centrale, est placée une partie du sujet de l'Annonciation. A droite, la Vierge assise de profil dans une chaire à dossier triangulaire, et devant elle un lutrin sur lequel un livre est posé. Son regard est dirigé vers l'ange placé en face d'elle, et son geste exprime l'étonnement. A gauche, l'ange agenouillé, la main droite levée et tenant dans la gauche une branche de lys. Devant lui est un mur bas, prolongement de celui qui fait le fond du sujet central.

Sous les petites arcades du second registre, sur chacun des volets, sont placés deux saints debout. Tous les quatre portent l'habit monastique, ils sont pieds nus, sans barbe, et tiennent un livre dans une de leurs mains. Dans le premier, à gauche, qui tient une palme, on doit peut-être reconnaître saint Benoit. Le second, qui porte une croix à longue hampe, est saint François d'Assise. A droite, le saint qui a pour attribut une hostie dans une auréole est saint Bernardin de Sienne. Le quatrième, qui a une tige de lys dans sa main, est saint Dominique.

Sans vouloir, quant à présent, mettre aucun nom d'auteur sur cet ouvrage merveilleux de la sculpture italienne en ivoire du XVe siècle, on peut être assuré d'approcher beaucoup de la vérité en signalant dans la plupart des bas-reliefs une grande ressemblance avec les compositions de Verrocchio et de son élève Lorenzo di Credi. Dans quelques-uns, on croit reconnaître une autre influence, peut-être venue de Milan, qui se fait sentir dans le choix des types plutôt qu'elle n'a modifié l'exécution.

Provient de la collection Barker.

Travail florentin du XVe siècle.

(Inventaire des objets d'art du Musée du Louvre, nº 2588.)

MÉTAL

61. — La Vierge allaitant l'enfant Jésus.

Groupe. Bronze doré.

H. 0^m,095.

La Vierge, vêtue d'une robe, d'un long manteau et d'un voile, est assise sur un banc sans dossier, sur lequel est posé un coussin ; ses deux pieds reposent sur la tête et le corps d'un basilic symbolisant le démon. Sur son genou gauche elle tient l'enfant Jésus, vêtu d'une tunique et couronné, et, de la main droite, lui présente le sein. La couronne de la Vierge est une restauration moderne.

Travail français du XIIIe siècle.

(Inventaire des objets d'art du Musée du Louvre, nº 2564.)

62-73. — Douze figures (suite de) provenant d'une châsse ou d'un reliquaire.

Statuettes. Cuivre fondu, ciselé et doré.

H. de chaque figure : 0^{m},060.

L'Annonciation. L'ange, vêtu d'une robe flottante, la droite levée, s'adresse à la Vierge, vêtue d'une robe, d'un manteau et d'un voile qui lui enveloppe toute la tête.

Un martyr, tonsuré, vêtu d'une aube, tenant de la main droite une palme, de la gauche un livre fermé.

Un saint évêque, mîtré, crossé et tenant de la main gauche un livre fermé.

Saint Pierre, vêtu d'une robe et d'un manteau, tenant de la main gauche un livre fermé et de la droite une clé.

Le Calvaire. Au centre le Christ attaché à la croix par trois clous, couronné d'épines, une draperie nouée autour des reins; à gauche, la Vierge, vêtue d'une robe et d'un manteau, un voile sur la tête, les mains jointes ; à sa droite, saint Jean pleurant s'essuie les yeux d'un pan de son manteau, tandis que de la main gauche il tient un livre fermé.

Saint Paul, vêtu d'une robe et d'un manteau, tient de la gauche un livre fermé ; de la droite il s'appuie sur une épée.

Un saint abbé, en aube et en chasuble, une crosse dans la main droite, un livre fermé dans la gauche.

Saint Laurent, vêtu d'une aube, soutient des deux mains le gril, instrument de son martyre.

Sainte Catherine. Elle est vêtue d'une robe et d'un long manteau ; sa tête est ceinte d'un diadème ; de la main gauche elle tiènt un livre fermé, de la droite la roue de son supplice.

Travail français du XIVe siècle.

(Inventaire des objets d'art du Musée du Louvre, nos 2565-2576.)

74. — La Vierge et l'enfant Jésus.

Statuette reliquaire. Cuivre battu, repoussé et doré.

H. 0m,325. — Diam. de la base, 0m,120.

La Vierge debout, vêtue d'une robe longue et d'un manteau, les cheveux dénoués, la tête ceinte d'une couronne ouverte, porte sur le bras gauche l'enfant Jésus, qui de la main gauche tient une pomme et de la droite caresse le menton de sa mère. Dans la main droite de la Vierge est placé un petit reliquaire, garni d'un verre à sa partie antérieure, terminé par un rang de créneaux et un clocheton de style gothique, à quatre pans et repercé à jour.

Cette statuette est placée sur une terrasse octogonale, talutée à sa partie supérieure, et ornée à sa partie inférieure de trois tables de verre, imitant des saphirs et des grenats, enchâssés dans des bâtes, entourées de feuillages découpés.

Travail français du XVe siècle.

(Inventaire des objets d'art du Musée du Louvre, no 2563.)

75. — Saint Pierre.

Statuette. Cuivre doré.

H. 0^m,050.

L'apôtre est représenté debout, drapé dans un long manteau dont l'une des extrémités est rejetée sur l'épaule gauche. De la main droite il tient un livre fermé. Bien que la clé qu'il devait tenir de la main droite ait disparu, on peut être certain que l'on est ici en face d'une statuette de saint Pierre, la physionomie du personnage répondant exactement au type adopté par les artistes pour la représentation de cet apôtre.

Travail italien du xve siècle.

(Inventaire des objets d'art du Musée du Louvre, n° 2577.)

76. — Saint Jean-Baptiste prêchant.

Statuette. Bronze.

H. 0^m,310.

Le saint est représenté debout, à demi nu, la barbe et les cheveux en désordre. Une peau de chèvre, nouée autour des épaules, couvre une partie de son corps amaigri par le jeûne ; le bras gauche est ramené vers le corps, tandis que de la main droite, levée, il tient une banderole.

Cette statuette a été fondue à cire perdue et retouchée dans beaucoup de ses parties, notamment dans la tête, au burin et à l'échoppe.

École de Donatello.

(Inventaire des objets d'art du Musée du Louvre, n° 2558.)

77. — Personnage couronné de lauriers.

Buste. — Bronze.

H. 0^{m},160.

Ce buste, placé sur un soubassement circulaire, est coupé à la hauteur de la naissance des épaules. Le personnage est représenté jeune et imberbe; une couronne de laurier ceint sa tête aux cheveux courts et frisés; à un cordon passé autour du cou est suspendu un médaillon dans lequel est enchâssée une monnaie d'argent de l'empereur Trajan. Une draperie cache la naissance des épaules.

Il est assez difficile de déterminer quelle a été la destination de ce buste : la base présente des traces non équivoques des attaches de trois pieds de métal, dont deux ont aujourd'hui entièrement disparu; la partie antérieure de la tête offre une ouverture où était fixée ou un ornement ou un goulot; de plus, derrière la tête on voit les points d'attache d'une anse et le soubassement était probablement, à l'origine, fermé à sa partie inférieure. Chef de saint destiné à contenir des reliques ou aiguière, on peut hésiter entre ces deux attributions; à moins que nous n'ayons affaire ici qu'à un ornement de couronnement, une *pomme* comme nous disons aujourd'hui, opinion qui est également très soutenable.

Travail de l'Italie du Nord ; XVe siècle.

(Inventaire des objets d'art du Musée du Louvre, nº 2557.)

78. — Christ en croix.

Bronze.

H. $0^{m},270$.

Le Christ est représenté mort, les yeux fermés, la barbe et les cheveux longs et frisés en tire-bouchons, le flanc droit percé, un linge noué autour des reins, les pieds placés l'un sur l'autre et percés d'un seul clou. Deux petits trous indiquent qu'il portait une couronne d'épines, tandis qu'un autre trou placé au sommet de la tête fait voir qu'il était nimbé.

L'artiste qui a exécuté ce Christ semble avoir employé tous les procédés applicables au travail du métal. Le corps a été fondu à cire perdue, puis limé et ciselé avec une recherche et une habileté extrêmes ; une partie du linge qui entoure les reins est composée d'une feuille de métal repoussée ; il ne serait même pas impossible qu'une partie du dos, peut-être mal venue à la fonte, eût été fabriquée de la même manière et rapportée après coup ; du moins, certaines traces de soudures permettent de le supposer. Quant aux mains, elles ont été bien évidemment rapportées : au lieu d'être creuses et fort minces comme le reste de la pièce, elles sont pleines et soudées aux bras. Ces diverses anomalies, ainsi que la sécheresse du travail, semblent indiquer que ce Christ est plutôt l'œuvre d'un orfèvre que d'un sculpteur de profession.

Travail de l'Italie du Nord; xve siècle.

(Inventaire des objets d'art du Musée du Louvre, n° 2559.)

79. — Saint Paul.

Statuette. Cuivre doré.

H. 0m,050.

Saint Paul est représenté debout, nimbé, drapé dans un grand manteau. De la main droite il tient un livre fermé, de la gauche il retient l'épée, instrument de son martyre.

Travail italien; seconde moitié du xvie siècle.

(Inventaire des objets d'art du Musée du Louvre, n° 2578.)

80. — Le Christ de Pitié.

Bas-relief. Bronze doré.

H. 0m,100. — L. 0m,073.

Le Christ est représenté de face et à mi-corps, debout dans le tombeau, les reins ceints d'une écharpe, couronné d'épine et nimbé d'un nimbe crucifère; il est soutenu à gauche par la Vierge, vêtue d'un manteau et d'un voile à plis nombreux et cassés qui lui cache à demi le visage; à droite par saint Jean; tous deux sont nimbés. Au-dessus d'eux, trois anges, vêtus d'aubes, déploient en pleurant le linceul du Christ. La face du tombeau est décorée d'un rang d'arcatures de style gothique et d'un rang de palmettes dans le style de la renaissance.

Travail bourguignon; xve siècle.

(Inventaire des objets d'art du Musée du Louvre, nº 2547.)

81. — La Vierge allaitant l'enfant Jésus.

Bas-relief. Bronze.

H. 0^{m},145. — L. 0^{m},091.

La Vierge est assise dans une chaire à haut dossier, dont les montants sont soutenus par des griffons et dont le faîte est accosté de deux petits anges tenant une guirlande. Vêtue d'une robe et d'un long manteau bordé d'un orfroi, un voile sur la tête, nimbée, elle soutient d'une main l'enfant Jésus, assis sur son genoû gauche, tandis que de l'autre elle lui présente le sein.

Travail de l'Italie du Nord; xve siècle.

(Inventaire des objets d'art du Musée du Louvre, nº 2555.)

82. — Le Christ mort soutenu par des Anges.

Bas-relief. Bronze.

H. 0^{m},175. — L. 0^{m},130.

Le Christ vu à mi-corps et couronné d'épines est soulevé du tombeau par quatre anges en pleurs vêtus de tuniques flottantes. Derrière eux, se dresse une grande croix.

École de Padoue ; xve siècle.

(Inventaire des objets d'art du Musée du Louvre, n° 2552.)

83. — Jésus au Jardin des Oliviers.

Bas-relief. Bronze doré.

H. 0^{m},114. — L. 0^{m},090.

Au premier plan, à droite, trois apôtres dormant dans différentes attitudes. Au second plan et sur une éminence, le Christ, nimbé, agenouillé devant le calice, reçoit les mains jointes, la bénédiction de son père dont on ne voit que la main bénissante entourée de nuages. Au premier plan, à gauche, Judas suivi de soldats auxquels du geste il indique le Christ. Les soldats, dont les têtes seules apparaissent, sont vêtus d'accoutrements bizarres, de caractère moitié antique et moitié oriental.

Le style de ce bas-relief accuse un mélange assez prononcé d'art italien et d'art allemand.

Travail de l'Italie du Nord ; xve siècle.

(Inventaire des objets d'art du Musée du Louvre, n° 2551.)

84. — La Mise au Tombeau.

Bas-relief cintré. Bronze doré.

H. 0^{m},095. — L. 0^{m},063.

Deux anges vêtus de longues tuniques soutiennent

sur leurs bras le Christ assis sur le bord du tombeau, de forme évasée et vu en perspective. A gauche, saint Jean, debout et vêtu à l'antique; à droite la Vierge, debout également, les mains jointes, la tête couverte d'un voile, vêtue d'une robe et d'un long manteau dont elle relève une des extrémités sur son bras gauche.

Au fond, à droite, les murailles de Jérusalem; à gauche, le Calvaire. En haut, le Saint-Esprit nimbé et planant au-dessus des nuages.

Travail italien du xve siècle.

(Inventaire des objets d'art du Musée du Louvre, n° 2548.)

85. — La Nativité.

Bas-relief. Bronze doré.

H. 0m,087.— L. 0m,076.

Au centre, la Vierge assise à terre, de trois quarts à droite, tient sur ses genoux l'enfant Jésus; tous deux sont nimbés, ainsi que saint Joseph qui, drapé dans un manteau, se tient au second plan. Au fond, à droite et à gauche, des ruines, un arbre à demi desséché, le bœuf et l'âne, et un berger dont on ne voit que la tête. Des deux côtés de la composition sont rangés de petits anges jouant de divers instruments de musique. Au bas de la plaquette se déroule une frise décorée de festons et d'une tête de chérubin.

Travail italien du xve siècle.

(Inventaire des objets d'art du Musée du Louvre, n° 2549.)

86. — La Vierge et l'enfant Jésus.

Bas-relief d'applique. Bronze en partie doré.

H. 0^{m},094.

La Vierge est vue de face et à mi-corps; son vêtement se compose d'une robe serrée à la taille, d'un manteau à larges plis et d'un voile qui laisse voir une partie des cheveux. De ses deux mains elle retient l'enfant Jésus placé sur son bras gauche; il est nu et porte la main droite à sa bouche. Tous deux sont nimbés; le nimbe de Jésus est crucifère.

Travail vénitien du XVe siècle.

(Inventaire des objets d'art du Musée du Louvre, n° 2554.)

87. — La Vertu défendant l'Innocence contre le Vice.

Bas-relief d'applique. Bronze doré.

H. 0^{m},180.

La Vertu, sous les traits d'une femme vêtue d'une robe longue et d'un manteau flottant, dans les plis duquel elle abrite un jeune enfant nu, symbole de l'Innocence, brandit une massue dont elle s'apprête à frapper le Vice, représenté sous la forme d'un démon cornu et ailé, moitié homme moitié dragon. Le Vice tient d'une main une vipère et de l'autre un globe de flammes. Un cul-de-lampe, orné de deux volutes et d'une tête de mort, accostée de deux ailes, sert de support à cette scène.

Travail florentin de la fin du xve siècle.

(Inventaire des objets d'art du Musée du Louvre, n° 2553.)

88. — La Mise au Tombeau.

Bas-relief. Bronze doré.

H. 0^{m},100. — L. 0,065.

Au premier plan, les saintes femmes, accompagnées de saint Jean et de saint Joseph d'Arimathie, placent le Christ dans le tombeau dont la face est ornée d'une frise représentant en bas-relief une scène de la Passion. Tous les personnages, et en particulier Marie-Madeleine, offrent le spectacle du plus profond désespoir. Dans le fond, au milieu des arbres et des rochers on voit, à gauche, Jérusalem, le Christ s'acheminant vers le Calvaire ; et au centre la Crucifixion.

Le style de cette plaquette rappelle la manière d'un artiste nommé Moderno qui travaillait à Rome vers 1520 et dont on connaît un assez grand nombre d'œuvres signées OPUS MODERNI, mais sur lequel on manque à peu près complètement de renseignements biographiques. Le manuscrit de François de Hollande, publié par A. Raczynski (*Les Arts en Portugal*, Paris, 1846, in-8°, p. 57), parle de Moderno « qui fit des sceaux de plomb. » Cet artiste appartient par le style bien plus au xve siècle qu'au xvie, et il semble s'être appliqué à vulgariser, pour ainsi dire, par des reproductions de petite dimension, les œuvres des maîtres de la renaissance italienne; on connaît de lui une série de plaquettes représentant les travaux d'Hercule. Vincenzo Lazari (*Notizia delle opere d'arte e d'antichita della raccolta Correr*, Venezia, 1859, in-8°, p. 197) cite un certain nombre de bas-reliefs représentant des sujets de piété signés O (*pus*) MODERNI, entre autres une paix représentant une Vierge entourée d'anges et de saints, qui porte cette inscription :

HOC OPVS. MODERNI C. C.

Attribué à Moderno; XVIe siècle.

(Inventaire des objets d'art du Musée du Louvre, n° 2550.)

89. — La Vierge et l'enfant Jésus.

Bas-relief. Bronze doré.

H. 0m,112. — L. 0m,090.

La Vierge nimbée, assise sur un banc, vêtue d'une robe à manches longues, d'un manteau et d'un voile qui couvre à demi ses cheveux que pare un diadème, retient de la main droite sur ses genoux l'enfant Jésus, debout, nimbé et bénissant.

Encadrement et soubassement ornés de moulures.

Travail italien du XVIe siècle.

(Inventaire des objets d'art du Musée du Louvre, n° 2546.)

90. — La Vierge et l'enfant Jésus entourés d'Anges.

Bas-relief. Bronze (métal de cloche).

H. 0m,137. — L. 0m,100.

La Vierge, assise sur un siège à haut dossier, nimbée, les cheveux épars sur les épaules, vêtue d'un long manteau et d'une robe légèrement décolletée, à manches serrées sur l'avant-bras et très larges à partir du coude, tient sur son genou gauche l'enfant Jésus qui joue avec la boule du monde. A droite et à gauche de la Vierge se voient six petits anges : deux, dans le bas de la composition, relèvent les pans du manteau de la Vierge ; plus haut, à droite, un autre souffle dans une flûte, tandis qu'à gauche, un quatrième, debout sur un coussin, joue avec les cheveux de la Vierge ; deux autres enfin sont placés à cheval sur les liens qui rattachent des festons au dossier du fauteuil.

Travail allemand du XVIe siècle.

(Inventaire des objets d'art du Musée du Louvre, n° 2556.

91. — Le Christ en croix.

Baiser de paix. Cuivre estampé et doré.

H. 0m,150. — L. 0m,105.

Ce baiser de paix est composé de deux plaques de cuivre, estampées et découpées à jour, placées l'une sur l'autre. La première a fourni l'encadrement décoré sur toute sa surface de fleurettes estampées et d'une turquoise à chacun de ses angles, et la croix, surmontée de deux arcatures en tiers point, sur laquelle est fixée par trois clous l'image du Christ mort et couronné d'épines; la seconde plaque sert de fond : elle est décorée d'un ornement en losanges formés par des points et de fleurettes estampées.

Revers estampé d'après le même système.

Travail français; seconde moitié du XIVe siècle.

(Inventaire des objets d'art du Musée du Louvre, nº 2545.)

92. — La Vierge et l'enfant Jésus.

Baiser de paix. Bronze.

H. 0m,172. — L. 0m,120

La Vierge, vue à mi-corps, de profil à droite, est vêtue d'une robe à manches longues et collantes, formant de nombreux plis sur la poitrine, et d'un long manteau. La tête est nimbée; un voile entoure le cou et les cheveux sur lesquels est posé un diadème. De ses deux mains, elle soutient l'enfant Jésus, nu et nimbé.

A droite et à gauche de la Vierge se dressent deux candélabres à base triangulaire dont la tige en balustre est surmontée d'un génie qui porte la bobêche sur sa tête. Au-dessous de la Vierge est étendue une draperie qui cache à demi un cartel. Encadrement d'architecture formé de deux pilastres cannelés supportant un entablement décoré d'un tore de laurier et un fronton au tympan duquel est représenté un chérubin. La poignée de cette paix a disparu.

Il existe d'assez nombreux exemplaires de ce bas-relief; quelques-unes de ces reproductions offrent même des variantes. (Voir le numéro suivant.) M. Fortnum (*Catalogue of the bronzes of european origin in the South Kensington Museum*, London, 1876, in-8°, p. 36) y reconnaît un produit de l'influence de Mantegna et de Donatello, et l'attribue à Christophoro di Geremia, graveur de médailles, dont un certain nombre d'œuvres sont signées. Ce n'est là qu'une hypothèse, mais nous pensons toutefois que c'est à un artiste de l'école de Padoue qu'il faut attribuer ce bas-relief.

Travail de l'Italie du Nord ; dernier quart du xve siècle.

(Inventaire des objets d'art du Musée du Louvre, n° 2541.)

93. — La Vierge et l'enfant Jésus.

Baiser de paix. Bronze doré.

H. 0m,130. — L. 0m,015.

La Vierge est dans la même attitude que dans la pièce précédemment décrite.

Encadrement d'architecture. Deux pilastres chargés d'ornements soutiennent un fronton repercé à jour ; à droite et à gauche de la Vierge, deux têtes de chérubins, faisant partie de l'encadrement. Un rinceau replié en console forme la poignée.

Ce bas-relief peut passer pour une copie du précédent, à moins que tous les deux ne soient que la reproduction d'un original commun. Les différences que celui-ci présente avec le n° 92 consistent dans la disposition du voile de la Vierge, de la manche de sa robe et dans la position des mains de l'enfant Jésus. Cette pièce est de tous points inférieure à la première.

Travail de l'Italie du Nord ; fin du XVe siècle.

(Inventaire des objets d'art du Musée du Louvre, n° 2540.)

94. — La Mise au Tombeau.

Baiser de paix. Bronze doré.

H. $0^{m},144$. — L. $0^{m},075$.

Le Christ mort et vu à mi-corps est soutenu à gauche par la Vierge, à droite par saint Jean dont la physionomie trahit la plus violente douleur. Encadrement mouluré.

La paix est surmontée d'un fronton semi-circulaire surmonté d'un fleuron. Au tympan est représenté Dieu le Père, barbu, de face et à mi-corps, les bras étendus; sur son sein, le Saint-Esprit sous la forme d'une colombe. Les figures se détachent sur un fond criblé. La poignée est formée par un dauphin de plein relief, fondu et ciselé, dont la queue se retourne en console.

Des répétitions de cette mise au tombeau, dont les figures rappellent un peu le style d'Andrea Mantegna, existent dans diverses collections ; dans quelques-unes de ces répliques, un petit génie éploré est représenté à gauche de la composition. Le musée de Kensington, à Londres, possède un exemplaire de cette variante; on en peut voir la reproduction dans le catalogue de ce musée. (*Catalogue of the bronzes of european origin in the South Kensington Museum*, by C. Drury E. Fortnum, London, 1876, in-8°, p. 37, planche VIII.)

Travail de l'Italie du Nord ; fin du XVe siècle.

(Inventaire des objets d'art du Musée du Louvre, n° 2537.)

95. — Pietà.

Baiser de paix. Bronze doré.

H. 0m,205. — L. 0m,125.

Le corps de Jésus, nimbé et couronné d'épines, qui vient d'être descendu de la croix, est étendu sur les genoux de la Vierge ; à gauche, la Madeleine soutient la tête du Christ; à droite, on voit saint Jean, à genoux, en extase, les mains croisées sur la poitrine. Dans le fond sont figurés la lune et le soleil, la croix et les autes instruments de la Passion : le baiser de Judas et le lavement de mains de Ponce Pilate y sont aussi représentés d'une façon symbolique.

Encadrement d'architecture ; sur le soubassement, accosté de deux petits génies, deux anges soutenant une image de la Vierge et de l'enfant Jésus, vue à mi-corps. Deux colonnes cannelées supportent un entablement où on lit les mots : PAX VOBIS, et un fronton au tympan duquel est ciselé le Saint-

Esprit. Au sommet du fronton se voit une sirène tenant un médaillon sur lequel est gravé le monogramme I H S; de chaque côté du fronton un petit génie assis sur une corne d'abondance et soutenant des guirlandes.

Travail vénitien du xve siècle.

(Inventaire des objets d'art du Musée du Louvre, n° 2543.)

96. — La Vierge et l'enfant Jésus entourés de Saints et de Saintes.

Baiser de paix. Bronze doré.

H. 0m,125. — L. 0m,080.

Au centre, la Vierge, assise sur un trône à haut dossier, nimbée, un voile sur la tête, présente l'enfant Jésus, debout sur ses genoux, à l'adoration de deux saintes agenouillées à droite et à gauche; nimbées et les cheveux dénoués, elles lui offrent l'une un vase, l'autre une tige de lis. Saint Benoît et saint François se tiennent debout aux deux côtés du trône, qu'entoure une gloire de chérubins. Sur la marche du trône se voit un ecu de forme italienne, chargé d'un lévrier rampant, un os dans la gueule.

Encadrement d'architecture formé de deux pilastres supportant un arc en plein cintre surmonté d'une palmette Poignée composée d'un dauphin courbé en forme de console.

Travail italien du xve siècle.

(Inventaire des objets d'art du Musée du Louvre, n° 2544.)

6

97. — La Vierge et l'enfant Jésus.

Baiser de paix. Bronze.

H. 0m,142. — L. 0m,105.

Sous un arc surbaissé soutenu par deux pilastres cannelés, est représentée la Vierge, vue à mi-corps, de profil à gauche, vêtue d'une robe à manches collantes et d'un manteau, un voile sur la tête, qui est nimbée; elle soutient l'enfant Jésus, également nimbé, qui lui passe le bras gauche autour du cou. L'arc est surmonté de deux dauphins adossés, qui soutiennent un chérubin, et accosté de deux autres dauphins. La poignée est formée par un bâton noueux recourbé en forme d'S.

Travail italien ; xve siècle.

(Inventaire des objets d'art du Musée du Louvre, no 2539.)

98. — La Vierge et l'enfant Jésus.

Baiser de paix. Bronze argenté.

H. 0m,110. — L. 0m,065.

La Vierge, assise, vue à mi-jambes, nimbée, les cheveux épars sur les épaules, vêtue d'une robe et d'un manteau à plis nombreux, présente le sein à l'enfant Jésus qu'elle retient de la main droite; au second plan, à droite, saint Jean tenant une croix.

Encadrement d'architecture; soubassement orné de palmettes, pilastres chargés d'arabesques; dans le tympan du fronton, Dieu le Père et un chérubin. Poignée de bronze offrant deux anneaux.

Travail italien; fin du xve siècle.

(Inventaire des objets d'art du Musée du Louvre n° 2542.

99. — Ecce Homo.

Baiser de paix. Bronze doré.

H. 0^{m},136. — L. 0^{m},084.

Dans un encadrement d'architecture, composé d'un fronton soutenu par deux pilastres accostés de deux consoles renversées, est représenté le Christ, à nimbe crucifère, de face et à mi-corps, nu et les mains liées, un roseau dans la gauche; sa tête est ceinte d'une couronne d'épine. Derrière lui pend un voile. Cette image est accompagnée du mot

IERO-SOLIMA

en lettres capitales romaines. Au tympan se voit une tête de chérubin. Le fronton est accompagné de deux consoles retournées et terminé par un fleuron. Poignée formée de deux bandes de cuivre.

Travail italien du xve siècle.

(Inventaire des objets d'art du Musée du Louvre, n° 2538.)

100. — L'Adoration des Mages.

Baiser de paix. Bronze doré.

H. 0^{m},150. — L. 0^{m},108.

Le sceau ogival qui constitue ce baiser de paix

est divisé horizontalement, aux deux tiers de sa hauteur, en deux parties. Dans la partie supérieure se voit l'Adoration des Mages. A droite, au premier plan, est assise la Vierge, nimbée, vêtue d'une robe et d'un long manteau; elle tient sur ses genoux l'enfant Jésus; derrière elle, saint Joseph, debout, s'appuie sur un bâton. A gauche, les Mages, nimbés, deux d'entre eux agenouillés, le troisième debout, offrent des présents à Jésus. Au second plan, on aperçoit plusieurs personnages, parmi lesquels un homme retenant les chevaux des Mages, deux soldats, trois musiciens jouant de la flûte et de la trompette; enfin, tout à fait à gauche, un personnage indique du geste l'étoile qui a guidé les Mages. Au fond, un temple de style antique. En légende, on lit :

GVIL(*elmus*). R(*aimundus*). T(*i*)T(*ul*)I S(*ancti*) MARCELLI. S(*anctæ*) R(*omanæ*). E(*cclesiæ*). PR(*e*)S(*byter*). CAR(*dinalis*).

La partie inférieure du sceau est occupée par un écusson surmonté du chapeau cardinalice et soutenu par deux guerriers vêtus à l'antique. Cet écu est écartelé aux 1 et 4 d'argent chargé de deux fasces de gueules, aux 2 et 3 écartelés aux 1 et 4 d'or chargés de deux bandes de gueules et aux 2 et 3 d'azur aux neuf fleurs de lis d'or.

La monture, de forme pentagonale, en bronze argenté, est munie d'une large gorge sur laquelle ont été fixés des ornements de cuivre fondu et découpé à jour. Cette monture semble un peu postérieure à l'empreinte du sceau.

Guillaume-Raymond de Vich, né à Valence, d'abord évêque de Cefalu, fut créé par Léon X, en 1517, cardinal prêtre du titre de Saint-Marcel ; il devint en 1521 évêque de Barcelone et mourut à Veroli, dans la campagne de Rome, le 25 juillet 1525 (Villanueva, *Viage literario á las iglesias de España*, XVIII. 52-53). Ce sceau a donc été exécuté postérieurement à l'année 1517 et antérieurement au mois de juillet 1525. Le musée de Kensington, à Londres, possède également une empreinte de ce sceau (*Catalogue of the bronzes of european origin in the South Kensington Museum* by C. Drury E. Fortnum, London, 1876, in-8°, p. 98) et M. Fortnum propose d'en attribuer l'exécution à maestro Lautizio de Pérouse qui, au dire de Benvenuto Cellini (1) travaillait à Rome vers 1525 et s'était acquis une grande réputation en gravant des matrices de sceaux pour les cardinaux. Bien que tout à fait hypothétique, cette attribution, vu la perfection du travail, est assez vraisemblable.

Travail italien, entre 1517 et 1525.

(Inventaire des objets d'art du Musée du Louvre, n° 1536.)

(1) *Tratatto sopra l'oreficeria,* c. VI : « Maestro Lautizio, orefice Perugino, lavoro in Roma nel MDXXV eccellentemente della dett' arte di far suggelli cardinaleschi, nè nissuno ho conosciuto che meglio di lui gli abbia condotti a perfezione, perchè egli non attendeva ad altro che a far detti suggeli per le bolle de cardinali : i quali si fanno della grandeza di una mano d'un fanciullo di dieci anni in circa, ritenendo la forma di una mandorla. In questi con invenzione di figure si esprime, per via d'intaglio, il titolo de' cardinali et per mezzo dell' arme le loro casate ; e il manco, che fossero pagati al detto Lautizio, era cento scudi l'uno. »

101. — Chandelier.

Bronze.

H. 0m,210.

Ce chandelier se compose d'une large base circulaire, d'une tige et d'une bobêche

La base est ornée de moulures, d'un rang d'oves et de feuilles découpées et de quatre mascarons de satyres alternant avec des pampres et des guirlandes. La plate-forme, au centre de laquelle s'élève la tige, est également décorée de plusieurs rangs de moulures et de feuillages. La tige, en forme de balustre, est divisée par des moulures en plusieurs étages qui tous ont reçu une ornementation différente : mascarons alternant avec des feuillages, feuilles de laurier, feuilles d'eau et oves. La bobêche, disposée en talus, est décorée d'un rang de feuilles de laurier.

Travail italien de la fin du xve siècle.

(Inventaire des objets d'art du Musée du Louvre, no 2561.)

102. — Chandelier.

Bronze.

H. 0m,210.

Bien qu'exactement semblable au précédent en ce qui touche l'ornementation, la base de ce chandelier est d'un diamètre un peu plus grand.

Travail italien de la fin du xve siècle.

(Inventaire des objets d'art du Musée du Louvre, no 2562.)

103. — Trépied.

Bronze.

H. 0m,128.

Cet ustensile se compose de trois griffes de lion adossées et terminées par des feuillages richement découpés qui supportent une plate-forme circulaire.

Travail italien du xve siècle.

(Inventaire des objets d'art du Musée du Louvre, no 2560.)

TABLE

www.ingramcontent.com/pod-product-compliance
Ingram Content Group UK Ltd.
Pitfield, Milton Keynes, MK11 3LW, UK
UKHW012050240726
13965UKWH00003B/1169

9 782013 050951